大方廣佛華嚴經

일러두기

1. 『대방광불화엄경 강설』 원문原文의 저본底本은 근세에 교정이 가장 잘 되었다고 정평이 나 있는 대만臺灣의 불타교육기금회佛陀教育基金會에서 출판한 『화엄경소초華嚴經疏鈔』본입니다.

2. 『대방광불화엄경 강설』은 실차난타實叉難陀가 695년부터 699년까지 4년에 걸쳐 번역해 낸 80권본卷本 『대방광불화엄경』을 우리말로 옮기고 강설을 붙인 것입니다.

3. 『대방광불화엄경』은 애초 산스크리트에서 한역漢譯된 경전이지만 현재 산스크리트 본은 소실된 상태입니다. 산스크리트를 음차한 경우 굳이 원래 소리를 표기하려고 하기보다는 『표준국어대사전』이나 『불교사전』 등에 등재된 한자음을 사용하는 것을 원칙으로 하였습니다.

4. 경문의 한글 번역은 동국역경원본을 참고하여 그대로 또는 첨삭을 하며 의미대로 번역하고 다듬었습니다.

5. 각 품마다 내용에 따라 단락을 나누고 제목을 달았습니다. 단락의 제목은 주로 청량淸凉스님의 견해에 기초하였고 이통현李通玄장자의 견해를 참고로 하였습니다.

6. 『대방광불화엄경 강설』의 발행 순서는 한역 경전의 편재 순서를 기준으로 하였고 각 권은 단행본 한 권씩으로 출간될 예정이며 모두 80권으로 완간됩니다. 다만 80권본에 빠져 있는 「보현행원품」은 80권본 완역 및 강설 후 시리즈에 포함돼 추가될 예정입니다.

7. 『대방광불화엄경 강설』 안에서 불교용어를 풀이한 것은 운허스님이 저술하고 동국역경원에서 편찬한 『불교사전』을 인용하였습니다.

8. 각주의 청량스님의 소疏는 대만에서 입력한 大方廣佛華嚴經 사이트의 것을 사용하였습니다.

9. 『대방광불화엄경 강설』 입법계품에 들어가는 문수지남도는 북송北宋시대 불국佛國 선사가 선재동자가 53명의 선지식을 친견하여 법을 구하는 장면을 하나하나 그림으로 그린 것입니다.

대방광불화엄경 강설
제 5 권

一. 세주묘엄품世主妙嚴品 5

실차난타實叉難陀 한역
무비스님 강설

서문

화엄경의 설법은 깊고도 깊으며 넓고도 넓습니다. 그 깊고 넓은 가르침인 화엄경을 저 용수龍樹보살은 열 개의 삼천대천三千大千세계 미진수의 게송偈頌과 한 사천하四天下 미진수의 품品이 있다고 하였습니다.

그러나 우리가 공부하는 이 80권본 화엄경은 그것을 줄이고, 줄이고, 또 줄여서 간략하게 만든 축약본입니다. 축약본인데도 그 서론[序分]에 해당하는 세주묘엄품이 무려 다섯 권이며, 이제 그 다섯 권째입니다.

그동안 법회에 모인 청중들을 소개하였고, 그들 무수 억만 명을 대표한 4백여 명이 부처님의 지혜와 공덕과 자비와 원력과 신통과 교화 등등을 찬탄하는 노래를 끝없이 불렀습니다. 이것이 서론입니다.

만약 열 개의 삼천대천세계 미진수의 게송과 한 사천하 미진수의 품을 다 가져와서 번역하였다면 서론만으로도 아마 수천 생을 거듭거듭 태어나서 수만 년을 공부하더라도 다

하지 못할 것입니다.

설법심심說法甚深을 밝히는 내용에서 "여래의 깨달음은 한 법이거늘[如來所悟 唯是一法] 어찌하여 설법은 이와 같이 깊고 넓은가?"라고 하였습니다.

"하나의 먼지 속에 시방세계가 다 들어 있고, 일체의 먼지 속에도 또한 그와 같다."라고 보는 것이 화엄경의 안목입니다. 여래의 법은 한 법입니다. 그 한 법 안에 열 개의 삼천대천세계 미진수의 게송이 다 들어 있습니다.

"마음과 부처와 중생, 이 셋은 차별이 없다."라는 이 간단한 하나의 열쇠로 저 은하계보다 몇 천 배 더 많은 화엄경을 열어야 할 것입니다. 이것이 모든 사람들의 진여불성과 법성생명이 본래 저절로 갖춘 본자구족本自具足의 이치입니다.

이와 같은 화엄경을 공부하게 된 것은 더없는 행운이며, 영광이며, 축복이며, 지혜입니다. 꾸준히 공부하셔서 생애 최고 최대의 축제를 매일매일 누리시기를 바랍니다.

2014년 3월 1일

신라 화엄종찰 금정산 범어사

如天 無比

대방광불화엄경 목차

제1권	1. 세주묘엄품世主妙嚴品 [1]	제18권	18. 명법품明法品
제2권	1. 세주묘엄품世主妙嚴品 [2]	제19권	19. 승야마천궁품昇夜摩天宮品
제3권	1. 세주묘엄품世主妙嚴品 [3]		20. 야마천궁게찬품夜摩天宮偈讚品
제4권	1. 세주묘엄품世主妙嚴品 [4]		21. 십행품十行品 [1]
제5권	**1. 세주묘엄품世主妙嚴品 [5]**	제20권	21. 십행품十行品 [2]
제6권	2. 여래현상품如來現相品	제21권	22. 십무진장품十無盡藏品
제7권	3. 보현삼매품普賢三昧品	제22권	23. 승도솔천궁품昇兜率天宮品
	4. 세계성취품世界成就品	제23권	24. 도솔궁중게찬품兜率宮中偈讚品
제8권	5. 화장세계품華藏世界品 [1]		25. 십회향품十廻向品 [1]
제9권	5. 화장세계품華藏世界品 [2]	제24권	25. 십회향품十廻向品 [2]
제10권	5. 화장세계품華藏世界品 [3]	제25권	25. 십회향품十廻向品 [3]
제11권	6. 비로자나품毘盧遮那品	제26권	25. 십회향품十廻向品 [4]
제12권	7. 여래명호품如來名號品	제27권	25. 십회향품十廻向品 [5]
	8. 사성제품四聖諦品	제28권	25. 십회향품十廻向品 [6]
제13권	9. 광명각품光明覺品	제29권	25. 십회향품十廻向品 [7]
	10. 보살문명품菩薩問明品	제30권	25. 십회향품十廻向品 [8]
제14권	11. 정행품淨行品	제31권	25. 십회향품十廻向品 [9]
	12. 현수품賢首品 [1]	제32권	25. 십회향품十廻向品 [10]
제15권	12. 현수품賢首品 [2]	제33권	25. 십회향품十廻向品 [11]
제16권	13. 승수미산정품昇須彌山頂品	제34권	26. 십지품十地品 [1]
	14. 수미정상게찬품須彌頂上偈讚品	제35권	26. 십지품十地品 [2]
	15. 십주품十住品	제36권	26. 십지품十地品 [3]
제17권	16. 범행품梵行品	제37권	26. 십지품十地品 [4]
	17. 초발심공덕품初發心功德品	제38권	26. 십지품十地品 [5]

제39권	26. 십지품十地品 [6]		제58권	38. 이세간품離世間品 [6]
제40권	27. 십정품十定品 [1]		제59권	38. 이세간품離世間品 [7]
제41권	27. 십정품十定品 [2]		제60권	39. 입법계품入法界品 [1]
제42권	27. 십정품十定品 [3]		제61권	39. 입법계품入法界品 [2]
제43권	27. 십정품十定品 [4]		제62권	39. 입법계품入法界品 [3]
제44권	28. 십통품十通品		제63권	39. 입법계품入法界品 [4]
	29. 십인품十忍品		제64권	39. 입법계품入法界品 [5]
제45권	30. 아승지품阿僧祇品		제65권	39. 입법계품入法界品 [6]
	31. 여래수량품如來壽量品		제66권	39. 입법계품入法界品 [7]
	32. 보살주처품菩薩住處品		제67권	39. 입법계품入法界品 [8]
제46권	33. 불부사의법품佛不思議法品 [1]		제68권	39. 입법계품入法界品 [9]
제47권	33. 불부사의법품佛不思議法品 [2]		제69권	39. 입법계품入法界品 [10]
제48권	34. 여래십신상해품如來十身相海品		제70권	39. 입법계품入法界品 [11]
	35. 여래수호광명공덕품如來隨好光明功德品		제71권	39. 입법계품入法界品 [12]
			제72권	39. 입법계품入法界品 [13]
제49권	36. 보현행품普賢行品		제73권	39. 입법계품入法界品 [14]
제50권	37. 여래출현품如來出現品 [1]		제74권	39. 입법계품入法界品 [15]
제51권	37. 여래출현품如來出現品 [2]		제75권	39. 입법계품入法界品 [16]
제52권	37. 여래출현품如來出現品 [3]		제76권	39. 입법계품入法界品 [17]
제53권	38. 이세간품離世間品 [1]		제77권	39. 입법계품入法界品 [18]
제54권	38. 이세간품離世間品 [2]		제78권	39. 입법계품入法界品 [19]
제55권	38. 이세간품離世間品 [3]		제79권	39. 입법계품入法界品 [20]
제56권	38. 이세간품離世間品 [4]		제80권	39. 입법계품入法界品 [21]
제57권	38. 이세간품離世間品 [5]		제81권	40. 보현행원품普賢行願品

目次

대방광불화엄경 강설 제5권

一. 세주묘엄품世主妙嚴品 5

🦋 화엄회상 대중들의 득법得法과 게송 ······················ 12
40. 보현 보살의 득법과 게송
　1) 득법 ·· 12
　2) 게송 ·· 22
41. 십보 보살 대중들의 득법과 게송
　1) 득법 ·· 33
　2) 게송 ·· 42
42. 십이명 보살 대중들의 득법과 게송
　1) 득법 ·· 51
　2) 게송 ·· 59
43. 사자좌의 보살
　1) 출처 ·· 67
　2) 보살들의 이름 ································· 68
　3) 공양구름 ·· 70
　4) 세존을 돌다 ···································· 73
　5) 보살들의 덕을 밝힘 ·························· 74

6) 게송 찬탄 ·· 78
　　(1) 해혜자재신통왕 보살의 찬탄 ······················· 78
　　(2) 뇌음보진 보살의 찬탄 ································· 87
　　(3) 중보광명계 보살의 찬탄 ····························· 96
　　(4) 대지일용맹혜 보살의 찬탄 ······················· 106
　　(5) 부사의공덕보지인 보살의 찬탄 ················ 114
　　(6) 백목연화계 보살의 찬탄 ·························· 123
　　(7) 금염원만광 보살의 찬탄 ·························· 132
　　(8) 법계보음 보살의 찬탄 ······························· 140
　　(9) 운음정월 보살의 찬탄 ······························· 148
　　(10) 선용맹광당 보살의 찬탄 ························ 159

상서를 보이다 ·· 168
1. 땅이 진동하다 ·· 168
2. 공양구름 ··· 171

무궁무진으로 맺다 ·· 174

대방광불화엄경 강설

제5권

一. 세주묘엄품 5

화엄회상 대중들의
득법得法과 게송

40. 보현 보살의 득법과 게송

1) 득법

_{부차보현보살마하살   입부사의해탈문방}
復次普賢菩薩摩訶薩은 **入不思議解脫門方**

_{편해   입여래공덕해}
便海하며 **入如來功德海**니라

다시 또 보현普賢 보살마하살은 불가사의한 해탈문의 방편바다에 들어갔으며, 여래의 공덕바다에 들어갔습니다.

화엄회상의 청법 대중 가운데 2권과 3권, 4권까지는 이

생중異生衆인 잡류제신雜類諸神 39중衆들의 득법과 게송을 밝혔다. 즉 대자재천왕에서 집금강신까지이다. 1권에서 운집 대중들의 명칭만을 소개할 때와는 반대의 순서다. 5권은 보살 대중으로서 동생중同生衆인 보현보살과 십보十普보살과 십이명十異名보살들이다.

보현보살은 일체 법문을 얻은 것을 밝혔고, 십보十普보살은 각각 한 가지 법문을 얻은 것을 밝혔다. 또 십이명十異名보살도 각각 한 가지 법문을 얻은 것을 밝혔다. 이 셋 모두 각각 득법과 게송이 있다.

보현보살이 일체 법문을 얻은 것을 밝힌 장항長行 중에 첫 구절은 법문에 들어간 곳을 전체적으로 표하였고 십문十門은 개별적으로 드러냈다. "불가사의한 해탈문의 방편바다"라는 것은 그 수를 헤아릴 수 없으며 그 이치는 언어의 길이 끊어지고 마음으로 생각할 것이 끊어졌다는 뜻이다. 보현보살은 이와 같은 방편의 바다에 들어갔으며 또한 여래 공덕바다에 들어간 보살이다. 그러므로 보현보살은 진실로 무수한 보살들 중에서 가장 대표되는 보살이다.

화엄경에서 보현보살을 왜 이와 같이 중요하게 드러냈는

가? 부처님의 실천행과 모든 보살들의 실천행을 구체적으로 실천한 보살이기 때문이며, 불교의 결론은 보현보살과 같은 실천행에 있기 때문이다. 그래서 특별히 보현보살에게만 열 개의 해탈문이 있음을 밝혔다.

소위유해탈문 명엄정일체불국토 조
所謂有解脫門하니 **名嚴淨一切佛國土**하야 **調**

복중생   영구경출리
伏衆生하야 **令究竟出離**니라

이른바 해탈문이 있으니, 이름이 '일체 부처님의 국토를 청정하게 장엄하고 중생들을 조복해서 생사에서 끝까지 벗어나게 함'이니라.

보현보살이 얻은 열 가지 해탈문을 소개하는 가운데 이 첫 해탈문이 불교가 세상에서 해야 할 일을 간략하게나마 모두 밝혔다. '일체 부처님의 국토'란 사람들이 사는 이 모든 세상을 일컫는다. 불교는 세상을 구석구석까지 모두 청정하게 장엄하여야 한다. 정직한 사회를 만들고, 부정과 부패와

사기와 협박 등 일체 악이 다 소멸된 그와 같은 사회를 만드는 것이 곧 국토를 청정하게 장엄하는 일이다. 다음은 중생들을 잘 가르치고 조복하고 교화해서 생사의 고통으로부터 영원히 벗어나게 하는 일이다.

有解脫門하니 **名普詣一切如來所**하야 **修具足功德境界**니라

또 해탈문이 있으니 이름이 '일체 여래의 처소에 널리 나아가서 공덕의 경계를 닦아서 구족하게 함'이니라.

보현보살의 이 해탈문은 모든 사람, 모든 생명, 모든 존재가 그대로 여래의 본모습이라고 이해하여 공양 공경과 찬탄 존중을 통해서 온갖 공덕을 남김없이 다 닦아 구족하게 하는 것이다.

유해탈문　　　　명안립일체보살지제대원해
有解脫門하니 **名安立一切菩薩地諸大願海**니라

또 해탈문이 있으니 이름이 '일체 보살의 지위와 모든 큰 서원의 바다를 안치해서 세움'이니라.

보현보살은 사람 사람의 진여자성은 말과 생각이 미치지 못하는 경계이지만 중생들에게 그와 같은 경계가 스스로에게 있음을 깨닫도록 하기 위하여 방편으로 온갖 보살의 수행 계위와 수행 명칭과 서원을 가설로 나열하여 나타낸다. 불교의 교학이 복잡하게 발달한 것은 이와 같은 이유에서다.

유해탈문　　　　명보현법계미진수무량신
有解脫門하니 **名普現法界微塵數無量身**이니라

또 해탈문이 있으니 이름이 '법계의 먼지 수와 같은 한량없는 몸을 널리 나타냄'이니라.

보현보살행원품에 이와 같이 말씀하였다. "선남자여, 부처님께 예배하고 공경한다는 것은 온 법계 허공계 시방삼세 모든 부처님 세계의 아주 작은 티끌만치 많은 수의 모든 부처님들께 보현의 수행과 서원의 힘으로 깊은 믿음을 일으켜 눈앞에 뵌 듯이 받들고 청정한 몸과 말과 뜻으로 항상 예배하고 공경하는 것이니라. 낱낱 부처님께 이루 다 말할 수 없이 말할 수 없는 아주 작은 티끌만치 많은 수의 몸을 나타내어 그 한 몸 한 몸이 이루 다 말할 수 없이 말할 수 없는 아주 작은 티끌만치 많은 부처님께 두루 절하는 것이니라."

유해탈문 명연설변일체국토 불가사의
有解脫門하니 **名演說徧一切國土**한 **不可思議**
수차별명
數差別名이니라

또 해탈문이 있으니 이름이 '모든 국토에 두루 하는 불가사의한 수의 차별된 이름을 연설함'이니라.

중생들이 사는 국토가 각각 차별하므로 공경하는 여래도 각각 다르다. 그러므로 편의를 따라 여래의 이름을 세워서 이익을 이루는 것이 헛되지 않는다. 그래서 여래명호품에는 한량없는 여래의 이름이 등장한다.

有解脫門하니 名一切微塵中에 悉現無邊諸菩薩神通境界니라

또 해탈문이 있으니 이름이 '모든 먼지 속에 그지없는 모든 보살의 신통경계를 다 나타냄'이니라.

보현보살은 일체 먼지의 하나하나마다 끝없이 많은 보살의 신통묘용을 다 나타내는 해탈을 얻었다.

有解脫門하니 名一念中에 現三世劫成壞事니라

또 해탈문이 있으니 이름이 '한순간에 삼세 겁 동안 이뤄지고 무너지는 일을 나타냄'이니라.

시간과 공간이 끊어진 경지에서 시간과 공간이 원융한 것을 나타내 보이는 해탈이다. 그러므로 한순간에 과거와 현재와 미래의 겁에서 성주괴공成住壞空하는 일을 다 나타낸다.

有解脫門하니 **名示現一切菩薩諸根海**가 **各入自境界**니라

또 해탈문이 있으니 이름이 '일체 보살들의 모든 근根의 바다가 각각 자신의 경계에 들어감을 나타내 보임' 이니라.

청량스님이 설명하였다. "보살의 근의 바다란 비록 번다하고 넓고 많지만 다만 능히 자신이 아는 경계에 들어간다. 어찌 능히 부처님의 무변한 법을 측량하겠는가. 앞에서의 대중들은 부처님의 덕을 측량하지 못하지만 보현보살은 능히 이와 같은 이치를 알 수 있다."[1]

유해탈문　　　명능이신통력　　　화현종종신
有解脫門하니 **名能以神通力**으로 **化現種種身**하야

변무변법계
徧無邊法界니라

또 해탈문이 있으니 이름이 '능히 신통의 힘으로써 갖가지 몸을 변화하여 나타내서 그지없는 경계에 두루 함'이니라.

보현보살이 얻은 해탈의 경지로서 여래의 몸은 그 본체가 허공과 같고 작용은 법계에 두루 함을 밝힌 것이다.

유해탈문　　　명현시일체보살　　수행법차제
有解脫門하니 **名顯示一切菩薩**의 **修行法次第**

문　　입일체지광대방편
門으로 **入一切智廣大方便**이니라

---

1) 菩薩根海, 雖繁廣多類. 但能入自所知境界. 豈能測量佛無邊法. 則顯前來 衆海, 未測佛德. 普賢能知此理.

또 해탈문이 있으니 이름이 '일체 보살들의 수행하는 법과 차례의 문을 나타내 보여서 일체 지혜의 넓고 큰 방편에 들어감'이니라.

불교는 수행의 종교라고 한다. 그래서 수행하는 방법도 무수히 많고 그 순서와 차례도 복잡하기 이를 데 없다. 어떤 종교 어떤 철학이 이와 같겠는가. 그 모든 수행들은 오직 하나의 길을 향하고 있다. 그것은 일체 지혜에 들어가는 길이다. 일체 지혜를 터득하고 나면 그 많은 수행 방편과 차례들은 모두가 헛것이다.

임제臨濟선사는 수행에 대해서 이와 같이 말씀하였다. "그대들이 제방에서 닦을 것도 있고 깨칠 것도 있다고 말하는데 착각하지 말라. 설령 닦아서 얻는 것이 있다 하더라도 그것은 모두가 생사의 업이다. 그대들은 육도만행을 빠짐없이 닦는다고 하지만 내가 보기에는 모두 업을 짓는 일이다. 그러므로 부처를 구하고 법을 구하는 것은 지옥의 업을 짓는 것이고, 보살을 구하는 것도 업을 짓는 것이며, 경을 보거나 가르침을 듣는 것도 또한 업을 짓는 것이다. 부처와 조사는 바로 일없는 사람이다."[2]

2) 게송

이시   보현보살마하살   이자공덕   부승여
爾時에 **普賢菩薩摩訶薩**이 **以自功德**으로 **復承如**

래위신지력   보관일체중회해   즉설송언
來威神之力하사 **普觀一切衆會海**하고 **卽說頌言**하니라

그때에 보현普賢 보살마하살이 자신의 공덕으로 다시 여래의 위신력을 받들어 모든 회중會衆들을 두루 살펴보고 나서 게송으로 말하였습니다.

불소장엄광대찰   등어일체미진수
佛所莊嚴廣大刹이   **等於一切微塵數**어늘

청정불자실만중   우부사의최묘법
淸淨佛子悉滿中하야   **雨不思議最妙法**이로다

---

[2] 儞諸方言道호대 有修有證이라하니 莫錯하라. 設有修得者라도 皆是生死業이며 儞言六度萬行齊修라하나 我見皆是造業이니라. 求佛求法은 卽是造地獄業이라 求菩薩亦是造業이요 看經看敎도 亦是造業이니 佛與祖師는 是無事人이라.

부처님이 장엄하신 넓고 큰 세계가
일체 미진수와 같거늘
청정한 불자들이 그 안에 가득하여
불가사의하며 가장 미묘한 법을 비 내리도다.

　우주는 넓고 아름답다. 세계도 또한 넓고 아름답다. 우주든 세계든 그 수효는 미진수와 같이 헤아릴 수 없이 많다. 이 모두가 부처님이 장엄하신 것이다. 그러므로 그 안에는 청정한 불자가 가득가득한데 부처님은 불가사의하며 가장 미묘한 화엄경을 장마철 소나기가 퍼붓듯이 내리붓고 있다. 이 모든 것은 눈에 보이고 귀에 들리고 감각으로 느껴지는 일체 현상들이다. 다만 깨어 있는 안목으로 바라보면 경전의 말씀처럼 여법할 뿐이다.

　불자佛子라는 말을 우리는 무감각하게 별 구별 없이 사용하고 있으나 청량스님은 "불자에 대해서 세 가지로 분류하였다. 첫째는 외자外子이니, 모든 범부들로서 아직은 능히 불가의 일을 계승하지 못하기 때문이다. 다음은 서자庶子이니, 모든 이승들로서 여래의 큰 법으로부터 출생하지 못했기 때문이다. 다음은 진자眞子이니, 큰 보살들로서 큰 법의 기쁨으로부터 바르게 태어난 까닭이다."³⁾라고 하였다.

여어차회견불좌
如於此會見佛坐하야

일체진중실여시
一切塵中悉如是하니

불신무거역무래
佛身無去亦無來호대

소유국토개명현
所有國土皆明現이로다

이 회중에 부처님이 앉아 계심을 보듯
모든 먼지 속에도 다 그러하나
부처님의 몸은 가지도 않고 오지도 않으면서
모든 국토에 다 나타나셨네.

화엄경의 세주묘엄품은 부처님이 처음 정각을 이루신 부다가야의 법 보리도량 보리수나무 아래 금강보좌에서 설해지고 있다. 그러면서 동시에 온 우주 법계에서도 똑같이 설해지고 있다. 2천6백여 년 전 정각을 이루신 그 순간에 설해

---

3) 佛子有三 : 一者外子, 謂諸凡夫. 未能紹繼佛家事故. 二者庶子, 謂諸二乘. 不從如來大法生故. 三者眞子, 謂大菩薩. 從大法喜正所生故.

졌으면서 동시에 시작도 없고 끝도 없이 무시무종無始無終으로 설해지고 있다. 그것을 상설常說 변설徧說이라 한다. 어느 한 장소에서 설해지듯이 온 우주 법계의 먼지 먼지마다 모두 그렇게 법회가 이루어지고 있다. 그래서 부처님도 법회 청중도 오고 가고 할 필요가 없다. 부처님은 오지도 않고 가지도 않으면서 모든 세계 모든 국토 모든 회상에 다 나타나 있다. 그렇다면 우주 법계 이대로가 부처님과 법회 청중의 설법과 청법의 현상이다.

현시보살소수행
顯示菩薩所修行인　　　무량취지제방편
無量趣地諸方便하시며

급설난사진실리
及說難思眞實理하사　　　영제불자입법계
令諸佛子入法界로다

보살이 수행하는 바
지위에 나아가는 한량없는 방편을 나타내 보이시며
생각하기 어려운 진실한 이치를 연설하여
모든 불자들을 법계에 들어가게 하네.

부처님은 법 보리도량 보리수나무 아래 금강보좌에 앉아 상설常說 변설徧說하시면서 무엇을 설하시는가? 보살의 수행 계위인 신해행증信解行證과 10신, 10주, 10행, 10회향, 10지, 등각, 묘각 등을 설하시며, 그 모든 계위마다 10바라밀과 온갖 조도법助道法 등 그와 같은 지위에 나아가는 갖가지 방편을 설하신다. 그래서 모든 불자들로 하여금 진리의 세계인 법계에 들어가게 한다.

출생화불여진수
出生化佛如塵數하사

보응군생심소욕
普應群生心所欲하시며

입심법계방편문
入深法界方便門하사

광대무변실개연
廣大無邊悉開演이로다

화신 부처님을 먼지 수처럼 나타내어
중생들 마음의 하고자 하는 것에 널리 응하시며
법계의 방편문에 깊이 들어가도록
넓고 크고 그지없이 다 연설하시네.

부처님의 세 가지 몸 중에 화신 부처님을 천백억 화신이라고 한다. 어찌 천백억 화신뿐이겠는가. 작은 먼지 수만치 많은 부처님이다. 그 많고 많은 화신 부처님은 모두가 중생들 마음의 하고자 하는 것에 널리 응하여 주고자 하기 때문이다. 한 사람에게 한 부처님뿐만 아니다. 중생의 마음이 변할 때마다 또 새로운 화신 부처님이 필요하다. 그러므로 한 중생에게 필요한 부처님만 하더라도 무수히 많아야 한다. 그래서 진리의 세계에 들어가도록 하기 위해서 넓고 크고 그지없이 연설하신다.

여래명호등세간
如來名號等世間하사

시방국토실충변
十方國土悉充徧이라

일체방편무공과
一切方便無空過하사

조복중생개이구
調伏衆生皆離垢로다

여래의 명호를 세간과 같게 하여
시방 국토에 다 충만함이라.
모든 방편을 헛되이 지나치지 않으시고
중생들을 조복하여 때를 여의게 하네.

화엄경에는 여래의 명호만을 소개한 여래명호품이 따로 있다. 그러나 여래명호품에 나오는 명호들은 아주 작은 사례에 불과하다. 실은 중생들과 세상의 숫자와 같이 시방세계에 가득하다. 그 많고 많은 이름들이 결코 헛되지 않고 중생의 번뇌의 때를 다 소멸하게 한다.

불 어 일 체 미 진 중 　　　시 현 무 변 대 신 력
佛於一切微塵中에　　**示現無邊大神力**하사
실 좌 도 량 능 연 설 　　　여 불 왕 석 보 리 행
悉坐道場能演說하사대　**如佛往昔菩提行**이로다

부처님이 모든 먼지 속에서
그지없는 큰 신통의 힘을 나타내 보여
모두 도량에 앉아 연설하시되
부처님의 지난 옛적 보리행과 같게 하도다.

먼지 먼지마다 모두 부처님이 계시고 그 부처님마다 모두 그지없는 큰 신통을 나타내 보이신다. 그 신통이란 부다가야 법 보리도량 보리수나무 밑에 앉아 화엄경을 연설하시

는 것이다. 이와 같은 사실은 부처님이 옛적에 닦으신 보리행과 같다.

삼 세 소 유 광 대 겁
三世所有廣大劫을
　
불 염 념 중 개 시 현
佛念念中皆示現

피 제 성 괴 일 체 사
彼諸成壞一切事하사
　
부 사 의 지 무 불 요
不思議智無不了로다

과거 현재 미래의 광대한 겁 동안
부처님은 생각 생각 속에서
이뤄지고 무너지는 모든 일들을 다 나타내 보이사
불가사의한 지혜로 다 알도다.

　부처님의 불가사의한 지혜는 모든 시간 모든 공간과 함께한다. 함께하기 때문에 모든 시간에서 모든 공간이 성주괴공하는 일들을 다 나타내 보인다. 그래서 우주의 모든 시간 모든 공간이 그대로 부처님의 불가사의한 지혜다.

불자중회광무한　　　욕공측량제불지
佛子衆會廣無限이여　　**欲共測量諸佛地**호대

제불법문무유변　　　능실요지심위난
諸佛法門無有邊하야　　**能悉了知甚爲難**이로다

불자 대중들의 모임 넓고 무한함이여

다 함께 모든 부처님의 경지를 측량하려 하나

모든 부처님의 법문 그지없어서

능히 모두 알기란 심히 어렵네.

　오늘의 세계에는 불교를 믿는 사람도 많고 불교를 공부하는 사람도 많다. 그들 모두가 다 같이 부처님의 경지를 알고자 하는 것이다. 그러나 부처님 법의 문은 무한 광대하여 그 누구도 끝까지 궁구하여 다 아는 이가 없다.

불여허공무분별　　　등진법계무소의
佛如虛空無分別하시며　　**等眞法界無所依**하사대

화현주행미부지　　　실좌도량성정각
化現周行靡不至하사　　**悉坐道場成正覺**이로다

부처님은 허공과 같아서 분별이 없으시며
진여법계와도 같아서 의지함이 없으사
화현化現으로 두루 다니심이 안 간 데 없어
도량마다 모두 앉아 정각正覺을 이루셨네.

부처님은 허공과 같아서 온갖 차별한 현상에 대해서 아무런 분별이 없고 차별도 없다. 또한 진여법계와도 같아서 어디에 의지함 없이 홀로 드러나 있다. 그러면서 천백억 화신을 나타내어 가지 않는 데가 없다. 가는 곳마다 모두가 도량이며, 도량마다 다 정각을 이루신다.

불 이 묘 음 광 선 창
佛以妙音廣宣暢하사대

일 체 제 지 개 명 료
一切諸地皆明了하야

보 현 일 일 중 생 전
普現一一衆生前하사

진 여 여 래 평 등 법
盡與如來平等法이로다

부처님은 미묘한 음성으로 널리 선양하시어
일체 모든 지위를 다 밝게 밝히시어
낱낱 중생들 앞에 널리 다 나타나서

여래의 평등한 법을 모두 주시네.

불교에는 수많은 경전이 있지만 화엄경과 같이 그 뜻이 깊고 미묘하고 아름다운 경전은 없다. 그리고 보살의 수행 계위들을 그처럼 자세하고 친절하게 밝힌 것도 없다. 그래서 인류가 남긴 최고의 걸작이라고 한다. 모두가 중생들을 위한 것이라 낱낱이 중생들 앞에 나타내어 여래의 평등한 법을 다 주신다.

여기까지가 보현보살이 부처님을 이해하고 깨달은 내용들을 찬탄하여 게송으로 표현한 것이다. 일체 다른 대중들은 각자 한 줄의 득법과 한 게송으로 표현하였으나 보현보살만은 무려 열 가지 해탈과 열 개의 게송으로 표현하였다.

41. 십보 보살 대중들의 득법과 게송

1) 득법

부차정덕묘광보살마하살 득변왕시방보
復次淨德妙光菩薩摩訶薩은 **得徧往十方菩**

살중회   장엄도량해탈문
薩衆會하야 **莊嚴道場解脫門**하니라

다시 또 정덕묘광淨德妙光 보살마하살은 시방의 보살회중會衆에 두루 가서 도량을 장엄하는 해탈문을 얻었습니다.

이 문단의 과목을 "십보十普보살 대중들의 득법과 게송"이라고 하였으나 제 일 보살의 이름은 앞에서 열거하는 중에도 없었으며 여기에서도 이름에 보普 자가 들어가지 않았다. 보 자가 들어가는 보살은 9명이다. 보현보살을 합하면 10명이 된다. 굳이 10명을 맞추는 것은 언제나 그렇듯이 화엄경의 원만구족 사상을 나타내기 위해서다. 게송에는 다 갖추어져 있다.

보살이 법회가 열리는 곳마다 두루 가서 도량을 장엄한

다는 것은 참으로 중요한 일이다. 도량이라는 환경을 아름답게 꾸미는 것도 장엄이지만 틱낫한釋一行스님처럼 20여 명의 법사단法師團을 이끌고 다니면서 법문에 앞서 30여 분간 음악 같은 염불로 분위기를 조성하는 것도 장엄이다. 스님이 법문을 할 때는 법석의 주변을 에워싸고 함께 듣는다. 또 법문이 끝난 뒤에는 법문의 여운이 오래가도록 법사단이 마무리를 주도한다. 이 모두가 훌륭한 장엄이다. 대만의 불광사 성운대사가 설법할 때는 그 장엄이 틱낫한스님보다 열 배는 더하다. 그런데 우리나라는 아무리 훌륭한 큰스님이 설법을 하더라도 아무런 장엄이 없다. 간결 소박하다고나 할까.

보덕최승등광조보살마하살 득일념중
普德最勝燈光照菩薩摩訶薩은 **得一念中**에
현무진성정각문 교화성숙부사의중생계해
現無盡成正覺門하야 **敎化成熟不思議衆生界解**
탈문
脫門하니라

보덕최승등광조普德最勝燈光照 보살마하살은 한 생각 중에 그지없는 정각을 이루는 문을 나타내서 부사의한 중생세계를 교화하고 성숙시키는 해탈문을 얻었습니다.

정각을 이루는 것은 한 생각에 나타낸다. 정각은 3아승지 겁과 같은 오랜 세월이 있을 수 없다. 그러므로 한 생각 중에 그지없는 정각을 이루는 문을 나타낸다. 시간과 같이 공간도 먼지 먼지마다 역시 정각을 이룬다. 중생을 교화하고 성숙하는 일도 또한 그와 같다.

보 광 사 자 당 보 살 마 하 살   득 수 습 보 살 복 덕
普光獅子幢菩薩摩訶薩은 **得修習菩薩福德**하야

장 엄 출 생 일 체 불 국 토 해 탈 문
莊嚴出生一切佛國土解脫門하니라

보광사자당普光獅子幢 보살마하살은 보살의 복덕을 닦아서 모든 불국토를 장엄하여 나타내는 해탈문을 얻었습니다.

보살이 닦아야 할 복덕을 여법하게 닦으면 그것이 곧 일체 불국토를 장엄하여 나타내는 것이 된다. 자각自覺이면 각타覺他가 저절로 되고 나아가서 각행원만覺行圓滿이 따라오게 된다.

普寶焰妙光菩薩摩訶薩은 **得觀察佛神通境界**하야 **無迷惑解脫門**하니라
보보염묘광普寶焰妙光 보살마하살은 부처님의 신통경계를 관찰해서 미혹이 없는 해탈문을 얻었습니다.

부처님의 신통경계란 미혹이 없고 번뇌가 없고 망상이 없는 경지다. 미혹과 번뇌와 망상이 없으면 나무해 오고 물 길어 오는 것이 곧 신통묘용이다. 마술사들이 눈속임으로 보여주는 그와 같은 것이 신통이 아니다.

보음공덕해당보살마하살 득어일중회도
普音功德海幢菩薩摩訶薩은 **得於一衆會道**

량중 시현일체불토장엄해탈문
場中에 **示現一切佛土莊嚴解脫門**하니라

보음공덕해당普音功德海幢 보살마하살은 한 중회의 도량 중에서 모든 부처님 국토의 장엄을 나타내 보이는 해탈문을 얻었습니다.

화엄경의 교리 중에서 중요한 내용은 사사무애의 이치다. 하나의 먼지 속에 온 우주가 들어 있고, 이와 같이 낱낱의 먼지 속에도 똑같이 온 우주가 들어 있는 사사무애로 온 법계가 연기적 이치로 돌아가고 있음을 밝혔다. 그래서 한 도량 중회에서 일체 불국토 장엄을 다 나타내 보인다.

보지광조여래경보살마하살 득수축여래
普智光照如來境菩薩摩訶薩은 **得隨逐如來**

관찰심심광대법계장해탈문
하야 **觀察甚深廣大法界藏解脫門**하니라

보지광조여래경普智光照如來境 보살마하살은 여래를 따라서 심히 깊고 광대한 법계장을 관찰하는 해탈문을 얻었습니다.

사람은 자신의 인생의 격을 좀 더 높이려면 자신보다 훨씬 더 훌륭한 사람을 모델로 삼아서 그를 닮아 가려는 꿈과 계획을 세워서 하나하나 실천해 나가야 한다. 보살은 여래를 따라서 심히 깊고 광대한 진리의 세계를 관찰한다. 그래서 끝내는 자신도 여래가 되는 것이다. 법계장法界藏이라는 뜻은 법계의 집에는 무진無盡, 즉 다함이 없음을 포섭하고 있다. 그러므로 이름을 장藏이라 한다.

普覺悅意聲菩薩摩訶薩은 **得親近承事一切佛供養藏解脫門**하니라

보각열의성普覺悅意聲 보살마하살은 모든 부처님을 친근하고 받들어 섬기는 공양장의 해탈문을 얻었습니다.

일체 부처님을 받들어 섬기는 것에는 공양 공경하고 존중 찬탄하는 일이 모두 겸하여 있다. 청량스님은 "부처님이 과거에 처음 수행하실 때에 부처님마다 공양을 올리지 않은 이가 없었다. 그래서 지금 성불하여 어떤 대중도 귀의하지 않는 이가 없다. 마치 백 천의 하천이 흐르고 흘러 바다로 돌아가는 것과 같다."[4]고 하였다.

보 청 정 무 진 복 위 광 보 살 마 하 살   득 출 생 일
普淸淨無盡福威光菩薩摩訶薩은 **得出生一**

체 신 변   광 대 가 지 해 탈 문
切神變하야 **廣大加持解脫門**하니라

보청정무진복위광普淸淨無盡福威光 보살마하살은 모든 신통변화를 나타내어 넓고 크게 가지加持하는 해탈문을 얻었습니다.

넓고 크게 가지加持한다는 것은 공간적으로는 모든 세계

---

4) 謂佛昔行因, 無佛不供. 今成佛果, 無衆不歸. 猶如百川馳流趣海.

의 일체 미진에 충만하고 시간적으로는 미래가 다할 때까지 모두가 부처님의 가지의 힘이 있다는 것이다. 가지란 가피며 가호의 힘이다.

普寶髻華幢菩薩摩訶薩은 得普入一切世間行하야 出生菩薩無邊行門解脫門하니라

보보계화당普寶髻華幢 보살마하살은 온갖 세간의 행에 널리 들어가서 보살의 그지없는 행문을 내는 해탈문을 얻었습니다.

보살이 중생을 교화하기 위해서는 온갖 세간에 널리 들어가서 중생들이 하는 행을 다 알아야 한다. 보살의 그지없는 행문이란 중생이 그지없이 많다 하더라도 끝까지 다 제도하는 일이다. 그래서 무변행문을 내는 것이다.

청량스님은 "만약 큰 자비가 없어서 중생들의 생사바다에 들어가지 아니하면 능히 보살행문을 내지 못한다. 만약

바다에 들어가지 아니하면 어찌 능히 보배를 얻을 수 있겠는가."라고 하였으며, 다시 초抄에서 "만약 바다에 들어가지 아니하면 어찌 보배를 얻을 수 있겠는가."라는 말에 대하여 "정명경 관불도품에 '비유하자면 큰 바다에 들어가지 아니하면 능히 무가보주를 얻을 수 없다. 이와 같이 번뇌의 큰 바다에 들어가지 아니하면 능히 일체 지혜의 보배를 얻을 수 없다.'"고 하였다.[5]

보 상 최 승 광 보 살 마 하 살 　 득 능 어 무 상 법 계
普相最勝光菩薩摩訶薩은 **得能於無相法界**

중　출 현 일 체 제 불 경 계 해 탈 문
中에 **出現一切諸佛境界解脫門**하니라

보상최승광普相最勝光 보살마하살은 능히 형상 없는 법계 속에서 모든 부처님의 경계를 출현하는 해탈문을 얻었습니다.

---

5) 謂若無大悲不入生死, 則不能出菩薩行門. 如不入海安能得寶. 此卽化他成己.【如不入海安能得寶】, 卽淨名觀佛道品「譬如不下巨海, 則不能得無價寶珠. 如是不入煩惱大海, 則不能得一切智寶」.

부처님은 정각을 이루시고 중생을 교화하시나 모두가 형상이 없는 진리의 세계로부터 일체 경계에 출현하신다. 그러므로 정각을 이루되 이룬 바가 없으며, 중생을 교화하되 교화하는 바가 없다.

2) 게송

爾時_에 淨德妙光菩薩摩訶薩_이 承佛威力_{하사}
(이시 정덕묘광보살마하살 승불위력)

普觀一切菩薩解脫門海已_{하고} 卽說頌言_{하니라}
(보관일체보살해탈문해이 즉설송언)

그때에 정덕묘광淨德妙光 보살마하살이 부처님의 위신력을 받들어 일체 보살들의 해탈문 바다를 널리 살피고 나서 게송으로 말하였습니다.

十方所有諸國土_를　一刹那間悉嚴淨_{하고}
(시방소유제국토　일찰나간실엄정)

以妙音聲轉法輪_{하사}　普徧世間無與等_{이로다}
(이묘음성전법륜　보변세간무여등)

시방의 모든 국토를
한 찰나 사이에 다 청정하게 장엄하고
미묘한 음성으로 법륜을 굴리시어
세간에 두루 하여 같을 이 없네.

한 찰나 사이에 시방세계를 모두 청정하게 장엄하는 길은 무엇인가? 아름다운 음성으로 법륜을 굴리어 세간에 가득하게 하는 길은 또 무엇인가? 또 자갈과 모래로 이루어진 척박한 땅을 한순간에 모두 다이아몬드로 바꾸는 길은 무엇인가? 무수 억만 중생들을 일찰나 사이에 정각을 이루게 하는 길은 또 무엇인가? 무수 억만 년의 세월 동안 캄캄하던 세상을 단 한 번에 광명천지로 바꾸는 길은 이 우주 법계의 근본인 자신에게 눈을 뜨는 것이 열쇠일 것이다.

여래경계무변제
如來境界無邊際라

일념법계실충만
一念法界悉充滿하사

일일진중건도량
一一塵中建道場하야

실증보리기신변
悉證菩提起神變이로다

여래의 경계는 끝이 없어서
일념 동안에 법계에 충만하고
낱낱 먼지 속에 도량을 건립하여
모두 보리를 증득하고 신통변화 일으키도다.

여래의 경계와 능력은 어디까지인지를 가늠할 수 없다. 여래는 한순간에도 법계에 충만하고, 충만한 법계의 낱낱 먼지 속에서 도량을 건립한다. 그 도량에서 정각을 이루고 신통변화를 일으킨다.

세 존 왕 석 수 제 행
世尊往昔修諸行에

경 어 백 천 무 량 겁
經於百千無量劫토록

일 체 불 찰 개 장 엄
一切佛刹皆莊嚴하사

출 현 무 애 여 허 공
出現無礙如虛空이로다

세존이 지난 옛적 수행하시어
한량없는 백천 겁이 지나도록
모든 세계들을 다 장엄하시고
걸림 없이 출현함이 허공과 같네.

세존이 오랜 세월 수행하시어 모든 세계들을 장엄하였다 함은 도로를 닦고 건물을 세우고 수로를 트고 나무와 꽃을 심고 누각을 세운 것을 이르는 것이 아니다. 세상에 사는 사람들을 맑고 향기롭게 가르쳐서 교화하고, 정직하고 겸손하고 사양하며 남을 배려하고 예의 바르게 가르쳐 제도하였다는 뜻이다. 만나는 사람마다 모두가 웃음으로 대하고 친절하게 맞이하는 그와 같은 사람들이 더불어 사는 그러한 사회를 만들었다는 뜻이다.

불 신 통 력 무 한 량　　　충 만 무 변 일 체 겁
佛神通力無限量이여　　**充滿無邊一切劫**하시니

가 사 경 어 무 량 겁　　　염 념 관 찰 무 피 염
假使經於無量劫이라도　**念念觀察無疲厭**이로다

부처님의 신통력 한량이 없어
그지없는 모든 겁에 충만하시니
가사 한량없는 겁을 지날지라도
생각마다 관찰하여 싫지 않도다.

깨어 있는 안목으로 보는 일체 시간과 공간은 모두가 부처님 신통력의 표현이다. 이와 같은 신통은 아무리 오랜 세월이 지나도 끝나지 않으며, 또한 아무리 오랫동안 관찰하여도 싫증이 나지 않는다. 볼수록 환희심이 절로 솟아난다.

여응관불신통경
汝應觀佛神通境하라

시방국토개엄정
十方國土皆嚴淨하사

일체어차실현전
一切於此悉現前호대

염념부동무량종
念念不同無量種이로다

그대들은 응당 부처님의 신통경계를 관찰하라.
시방국토를 모두 다 깨끗이 장엄하사
모든 것을 여기에다 다 나타내되
생각마다 같지 않아 그 종류 한량없네.

우리가 지금 이 순간 이 자리에서 누리고 있는 환경은 다듬고 고치지 않더라도 본래로 그지없이 아름답게 장엄된 세상이다. 일체가 사람들의 마음 부처님이 신통으로 나타낸 세상이다. 보는 바와 같이 듣는 바와 같이 그렇게 그 종류도 한량이 없다. 시시각각 변화하며 새로운 아름다움을 보여주고 있다. 무엇을 부족하다 하겠는가.

관불백천무량겁
觀佛百千無量劫이라도

부득일모지분한
不得一毛之分限이라

여래무애방편문
如來無礙方便門이여

차광보조난사찰
此光普照難思刹이로다

한량없는 백천 겁 동안 부처님을 뵈어도
털끝만 한 분량도 얻지 못하네.
여래의 걸림 없는 방편문이여,
그 광명 온 세계를 널리 비추네.

맹인은 아무리 발버둥을 쳐도 눈뜬 사람이 보는 세계를 보지 못한다. 몇 천 년을 보아도 억만 분의 일도 보지 못한다. 미혹한 중생은 정각을 이루신 부처님의 세계를 무수 억 년 동안 살펴보아도 역시 억만 분의 일도 알지 못한다. 여래의 걸림 없는 방편문으로 온 세계를 비추는 광명을 중생이 어찌 알겠는가.

여래 왕 겁 재 세 간 　　　　승 사 무 변 제 불 해
如來往劫在世間하사　　**承事無邊諸佛海**실새

시 고 일 체 여 천 무　　　　함 래 공 양 세 소 존
是故一切如川騖하야　　**咸來供養世所尊**이로다

여래가 지난 겁 동안 세간에 계시면서
그지없는 부처님을 받들어 섬겼네.
그러므로 모든 이가 냇물처럼 모여 와
모두 다 세존께 공양하도다.

　세상 모든 사람들과 천룡팔부가 모두 부처님께 귀의하기를 마치 백천 냇물이 바다로 몰려오듯이 하는 것은 과거에 모든 사람 모든 생명을 부처님으로 이해하여 받들어 섬기고 공양 공경 존중 찬탄하며 살아 온 그 공덕의 결과이다. 부처님은 과거도 현재도 미래도 항상 모든 사람 모든 생명을 부처님으로 받들어 섬기는 일뿐이다. 그것이 부처님이 하시는 일이며 불교가 하는 일이다.

여래출현변시방　　　　　　일일진중무량토
如來出現徧十方의　　　　　**一一塵中無量土**하시니

기중경계개무량　　　　　　　실주무변무진겁
其中境界皆無量하야　　　　**悉住無邊無盡劫**이로다

여래가 시방에 출현하시되

낱낱 먼지 속의 한량없는 국토에까지 두루 하시니

그 속의 경계 또한 한량없어서

그지없고 다함없는 겁 동안 머물러 있네.

여래는 시방세계 낱낱 먼지 속까지 다 출현하여 계시고 그 먼지 속의 경계도 또한 한량이 없다. 이러한 출현이 한순간이나 하루나 일 년이나 십 년이나 백 년을 머무르는 것이 아니다. 끝없는 겁 동안 항상 머물러 계신다.

불어낭겁위중생　　　　　　　수습무변대비해
佛於曩劫爲衆生하사　　　　**修習無邊大悲海**라

수제중생입생사　　　　　　　보화중회영청정
隨諸衆生入生死하사　　　　**普化衆會令淸淨**이로다

부처님이 지난 겁에 중생을 위하여
끝없이 큰 자비의 바다를 닦아서
모든 중생을 따라 생사에 들어가
회중들을 널리 교화하여 청정하게 하네.

   부처님은 오랜 세월 동안 중생들을 위하여 끝없는 큰 자비를 수행하였다. 그 큰 자비로 인하여 스스로는 이미 생사를 초월하였으나 중생들을 교화하기 위하여 생사의 바다에 들어가셨다. 부처님이 생사의 바다에 들어가지 않으면 어찌 생사에 빠진 중생을 교화할 수 있겠는가. 바다에 들어가지 않고 어떻게 바다 속의 보물을 건질 수 있겠는가. 생사에 빠진 미혹한 중생들은 진실로 부처님의 더없이 소중한 보물들이다.

불 주 진 여 법 계 장
佛住眞如法界藏하사

무 상 무 형 이 제 구
無相無形離諸垢하사대

중 생 관 견 종 종 신
衆生觀見種種身하고

일 체 고 난 개 소 멸
一切苦難皆消滅이로다

부처님이 진여법계의 곳집에 머무사
모양 없고 형상 없고 모든 번뇌도 없으나
중생들이 가지가지 몸을 보고
모든 고난을 다 소멸하네.

부처님은 항상 진여법계의 곳집에 머무신다. 그것은 여래가 곧 진여며 법계라는 뜻이다. 진여법계가 무슨 형상이 있겠는가. 진여법계가 무슨 번뇌가 있겠는가. 형상도 없고 번뇌도 없는 진여지만 중생들은 가지가지 몸을 보고 일체 고통을 다 소멸한다. 참으로 텅 비어 공한 가운데 미묘하게 존재하는 중도의 이치이다.

42. 십이명 보살 대중들의 득법과 게송

1) 득법

부 차 해 월 광 대 명 보 살 마 하 살　 득 출 생 보 살
復次海月光大明菩薩摩訶薩은 **得出生菩薩**의

제지제바라밀   교화중생   급엄정일체불
諸地諸波羅蜜하야 **敎化衆生**하며 **及嚴淨一切佛**

국토방편해탈문
國土方便解脫門하니라

　다시 또 해월광대명海月光大明 보살마하살은 보살의 모든 지위와 모든 바라밀을 출생하여 중생을 교화하고 일체 부처님 국토를 깨끗이 장엄하는 방편의 해탈문을 얻었습니다.

　보살의 모든 지위란 보살 수행 52계위다. 모든 바라밀이란 10바라밀이다. 이와 같은 방편을 통해서 중생을 교화하고 세상을 아름답고 향기롭게 한다.

운음해광이구장보살마하살   득염념중
雲音海光離垢藏菩薩摩訶薩은 **得念念中**에

보입법계종종차별처해탈문
普入法界種種差別處解脫門하니라

　운음해광이구장雲音海光離垢藏 보살마하살은 생각 생각

속에서 법계의 가지가지 차별한 곳에 널리 들어가는 해탈문을 얻었습니다.

우주 법계는 넓고 또한 각양각색으로 차별하다. 그러나 한순간에 그 넓고 차별한 곳에 일일이 다 들어간다.

지생보계보살마하살   득불가사의겁   어
智生寶髻菩薩摩訶薩은 **得不可思議劫**에 **於**

일체중생전   현청정대공덕해탈문
一切衆生前에 **現淸淨大功德解脫門**하니라

지생보계智生寶髻 보살마하살은 불가사의한 겁 동안 모든 중생들 앞에 청정하고 광대한 공덕을 나타내는 해탈문을 얻었습니다.

실로 중생들 앞에는 불가사의한 오랜 겁 동안 청정하고 광대한 공덕이 무한히 펼쳐져 있다. 다만 중생들이 그 공덕을 보지 못하고 누리지 못할 뿐이다. 마치 맹인이 밝은 태양을 보지 못하는 것과 같다.

공덕자재왕정광보살마하살　　득보견시방
功德自在王淨光菩薩摩訶薩은 **得普見十方**

일체보살　초예도량시　종종장엄해탈문
一切菩薩의 **初詣道場時**에 **種種莊嚴解脫門**하니라

공덕자재왕정광功德自在王淨光 보살마하살은 시방의 모든 보살이 처음 도량에 나아갈 때 갖가지 장엄함을 널리 보는 해탈문을 얻었습니다.

모든 보살이 처음 도량에 나아갈 때란 보살이 수행이 가득하여 정각을 성취하는 때를 말한다. 세존이 처음 정각을 이루고 나니 그 땅은 견고하여 다이아몬드로 이루어져 있더라고 하였듯이 이와 같이 정각을 이룰 때는 일체 도량이 아름답게 장엄하여 있음을 보게 된다.

선용맹연화계보살마하살　　득수제중생근
善勇猛蓮華髻菩薩摩訶薩은 **得隨諸衆生根**

해 해　　보위현시일체불법해탈문
解海하야 **普爲顯示一切佛法解脫門**하니라

선용맹연화계善勇猛蓮華髻 보살마하살은 중생들의 근성과 이해를 따라서 모든 불법을 널리 나타내 보이는 해탈문을 얻었습니다.

불교에는 수기설법隨機說法 또는 수의설법隨宜說法이라는 말이 있다. 중생들의 근성이나 근기나 수준에 맞추어서 법을 설한다는 뜻이다. 아무리 고준한 법이라 하더라도 그 수준의 이해가 없고 감동이 없으면 우이독경이 되고 말기 때문이다.

보 지 운 일 당 보 살 마 하 살   득 성 취 여 래 지
普智雲日幢菩薩摩訶薩은 **得成就如來智**하야

영 주 무 량 겁 해 탈 문
永住無量劫解脫門하니라

보지운일당普智雲日幢 보살마하살은 여래의 지혜를 성취해서 영원히 한량없는 겁 동안 머무르는 해탈문을 얻었습니다.

불교 수행의 목적은 여래가 성취하신 지혜를 얻어서 한량 없는 세월 동안 그 지혜에 머무르는 것이다. 여래의 지혜에 머무르는 길은 스스로 해탈을 얻고 다른 사람도 해탈을 얻도록 부단히 정진하는 일이다.

대정진금강제보살마하살
大精進金剛臍菩薩摩訶薩은 **得普入一切無**
변법인력해탈문
邊法印力解脫門하니라

대정진금강제大精進金剛臍 보살마하살은 모든 끝없는 법인法印의 힘에 널리 들어가는 해탈문을 얻었습니다.

법인法印이란 불도를 외도外道의 가르침과 구별하는 표지다. 불법이 참되고 부동 불변하다는 것을 나타내는 것으로 도장 인印 자를 쓴다. 소승불교에서는 제행무상인·제법무아인·열반적정인의 삼법인三法印으로 하고 대승불교에서는 실상인實相印의 한 법인으로 하는 것이 예로 되어 있다. 화엄경에서는 무변한 법계가 모두 법인임을 밝힌다.

향염광당보살마하살　득현시현재일체불
香焰光幢菩薩摩訶薩은 **得顯示現在一切佛**의

시수보살행　내지성취지혜취해탈문
始修菩薩行과 **乃至成就智慧聚解脫門**하니라

향염광당香焰光幢 보살마하살은 현재의 모든 부처님이 보살행을 처음 닦은 일과 지혜의 무더기를 성취함을 나타내 보이는 해탈문을 얻었습니다.

"부처님이 보살행을 처음 닦은 일과 지혜의 무더기를 성취함"에는 부처님의 과거와 현재와 미래가 다 포함되어 있다. 불자는 보살행을 닦아서 지혜를 성취하고 지혜를 성취하여 다시 보살행을 실천한다.

대명덕심미음보살마하살　득안주비로자
大明德深美音菩薩摩訶薩은 **得安住毘盧遮**

나　일체대원해해탈문
那의 **一切大願海解脫門**하니라

대명덕심미음大明德深美音 보살마하살은 비로자나 부처

님의 일체 큰 서원의 바다에 안주하는 해탈문을 얻었습니다.

비로자나 법신 부처님이란 중생을 교화하기 위한 큰 원력이다. 세상을 아름답게 하고 사람들을 평화롭고 행복하게 하는 일은 곧 비로자나 부처님의 크나큰 원력의 표현이다.

대복광지생보살마하살 득현시여래 변
大福光智生菩薩摩訶薩은 **得顯示如來**가 **徧**

법계심심경계해탈문
法界甚深境界解脫門하니라

대복광지생大福光智生 보살마하살은 여래가 법계에 두루 하며 매우 깊은 경계를 나타내 보이는 해탈문을 얻었습니다.

여래는 그 자체가 법계에 두루 하며 깊고 깊은 경계다. 그래서 중생들은 쉽사리 이해하기 어렵다. 그와 같은 경계를 나타내 보이는 해탈문이다.

2) 게송

이시   해월광대명보살마하살   승불위력
爾時에 **海月光大明菩薩摩訶薩**이 **承佛威力**하사

보관일체보살중장엄해이   즉설송언
普觀一切菩薩衆莊嚴海已하고 **卽說頌言**하니라

그때에 해월광대명海月光大明 보살마하살이 부처님의
위신력을 받들어 모든 보살 대중들의 장엄바다를 두루
관찰하고 나서 곧 게송으로 말하였습니다.

제 바 라 밀 급 제 지   광 대 난 사 실 원 만
諸波羅蜜及諸地가   **廣大難思悉圓滿**하사

무 량 중 생 진 조 복   일 체 불 토 개 엄 정
無量衆生盡調伏하시며 **一切佛土皆嚴淨**이로다

모든 바라밀과 모든 지위가

광대하고 부사의함이 다 원만하여

한량없는 중생들을 다 조복하시며

모든 불국토를 다 엄숙하고 청정하게 하였네.

화엄경은 다른 경전들과는 달리 보살 수행의 52계위를 설하고 모든 계위마다 10바라밀의 수행 덕목을 자세히 설한다. 참으로 광대하여 헤아리기 어렵고 원만하다. 그와 같은 수많은 방편으로 한량없는 중생들을 다 조복하며 드넓은 세상을 모두 엄숙하고 청정하게 한다.

여 불 교 화 중 생 계
如佛敎化衆生界하사대

시 방 국 토 개 충 만
十方國土皆充滿하야

일 념 심 중 전 법 륜
一念心中轉法輪하사

보 응 군 정 무 불 변
普應群情無不徧이로다

부처님이 중생계를 교화하듯이
시방의 모든 국토에 다 충만하고
한순간에 마음속에서 법륜法輪을 굴리어
중생들의 뜻에 맞춰 두루 하였네.

부처님은 시방국토마다 중생을 교화하지 않는 곳이 없다. 다시 말하면 시방국토 그대로가 중생을 교화함이다. 그리고 한순간 마음속에서 법륜을 다 굴리어 중생들의 마음에 맞추어 두루 하지 않음이 없다. 즉 화엄의 이치로는 중생이 현재 이대로 때때로 부처님을 짓는다.

불어무량광대겁　　　보현일체중생전
佛於無量廣大劫에　　**普現一切衆生前**하사
여기왕석광수치　　　시피소행청정처
如其往昔廣修治하야　**示彼所行淸淨處**로다

부처님이 한량없고 광대한 겁 동안
일체 중생 앞에 널리 나타나서
지난 옛적 널리 수행하신 것과 같이
그들에게 청정한 행을 보이시도다.

부처님은 오랜 겁 동안 항상 중생들 앞에 이렇게 나타나 계신다. 그리고 지난 옛적 보리행을 닦으신 그 청정한 수행을 지금 이렇게 그대로 보여주고 계신다.

아도시방무유여　　　역견제불현신통
我覩十方無有餘하며　**亦見諸佛現神通**하사

실좌도량성정각　　　　　중회문법공위요
悉坐道場成正覺하시니　**衆會聞法共圍遶**로다

나는 시방을 남김없이 다 보며
또한 모든 부처님이 신통을 나타내어
도량에 앉아 정각을 이루시니
대중들이 법을 듣노라 함께 둘러앉았음을 보네.

이 게송은 해월광대명海月光大明 보살마하살의 게송이다. 스스로 시방세계를 남김없이 다 보며, 또한 부처님이 보리도량에 앉아 정각을 이루시고 법회의 대중들이 법문을 듣노라 둘러앉아 있는 모습까지 다 본다고 하였다. 이것은 지난 일도 아니며 현재 일도 아니며 미래 일도 아니면서, 또한 지난 일이며 현재 일이며 미래의 일이기도 하다. 화엄경은 시간적으로 항상 설하고 공간적으로 시방세계 두루 설하고 있는 것이다.

광대광명불법신　　　　　능이방편현세간
廣大光明佛法身이여　**能以方便現世間**하사

보 수 중 생 심 소 락 　　　실 칭 기 근 이 우 법
普隨衆生心所樂하야　　**悉稱其根而雨法**이로다

광대한 광명 부처님의 법신이여
능히 방편으로 세간에 나타나서
널리 중생들 마음에 즐기는 바를 따라
근기에 맞추어서 법의 비를 내리네.

부처님은 곧 광명이며, 법신이며, 진리의 가르침이다. 정각에 의한 진리의 가르침은 중생들의 마음에 즐기는 바를 따르고 근기에 맞게 법의 비를 내린다.

진 여 평 등 무 상 신 　　　이 구 광 명 정 법 신
眞如平等無相身이요　　**離垢光明淨法身**이라

지 혜 적 정 신 무 량 　　　보 응 시 방 이 연 법
智慧寂靜身無量하사　　**普應十方而演法**이로다

진여는 평등하고 형상 없는 몸이요
때 없는 광명 청정한 법신이라
지혜는 고요하나 몸은 한량이 없어
널리 시방에 응하여 법을 연설하시네.

이 게송은 진여라는 말을 잘 설명하고 있다. 진여는 만유에 평등하다. 형상이 없는 몸이다. 때가 없는 광명이다. 청정한 법신이다. 고요한 지혜다. 그 몸은 한량이 없다. 시방세계에 널리 응한다. 법을 연설한다.

법 왕 제 력 개 청 정
法王諸力皆淸淨하사
지 혜 여 공 무 유 변
智慧如空無有邊이라
실 위 개 시 무 유 은
悉爲開示無遺隱하사
보 사 중 생 동 오 입
普使衆生同悟入이로다

법왕의 모든 힘은 다 청정하시며
지혜는 허공과 같아서 끝이 없네.
조금도 숨김없이 다 열어 보여서
중생들에게 널리 다 깨달아 들게 하네.

법왕에 대해서는 경전을 통해서 조금도 숨김없이 다 열어 보였다. 특히 화엄경은 법왕에 대해서 철저하게 다 드러내 보인 가르침이다. 그 힘은 훌륭하고 위대하다. 법왕의 지혜는 허공처럼 그 끝이 없다. 중생들에게 다 같이 깨달아 들어가게 하였다.

　　　　여 불 왕 석 소 수 치　　　　내 지 성 어 일 체 지
　　　　如佛往昔所修治와　　　　**乃至成於一切智**하야

　　　　금 방 광 명 변 법 계　　　　어 중 현 현 실 명 료
　　　　今放光明徧法界하야　　　　**於中顯現悉明了**로다

부처님이 옛적에 수행하심과

일체一切 지혜智慧를 이룸과 같이

지금 광명을 놓아 법계에 두루 해서

그 가운데 분명하게 나타났도다.

부처님이 옛적에 수행하여 일체 지혜를 이룬 것은 지금 이와 같이 낱낱이 보고 듣고 하는 사실 그 자체다. 너무도 분명하고 너무도 명확하지 않은가. 이것이 수행이며 이것이 일체를 꿰뚫어 아는 지혜다.

　　　　불 이 본 원 현 신 통　　　　일 체 시 방 무 부 조
　　　　佛以本願現神通하사　　　　**一切十方無不照**하시니

여불왕석수치행   광명망중개연설
如佛往昔修治行하야   **光明網中皆演說**이로다

부처님이 본래의 서원으로 신통을 나타내어
모든 시방에 다 비추시니
부처님이 옛적에 수행하신 것처럼
광명그물 속에서 다 연설하시네.

이 게송도 또한 앞의 게송처럼 부처님의 본래의 서원과 신통은 일체 시방에 이와 같이 나타나 있는 그대로임을 찬탄하는 것이다. 부처님의 옛적 수행도 또한 이와 같이 밝게 보이는 대로며 들리는 대로며 느끼고 아는 대로다.

시방경계무유진   무등무변각차별
十方境界無有盡하야   **無等無邊各差別**이어늘

불무애력발대광   일체국토개명현
佛無礙力發大光하사   **一切國土皆明顯**이로다

시방의 경계 다함이 없고
같음도 없고 끝도 없이 각각 차별하여

부처님이 걸림 없는 힘으로 큰 광명 놓으사
모든 국토에 다 밝게 나타내네.

사람 사람들의 걸림 없는 마음광명으로 일체 국토를 이와 같이 밝게 비추어 보니 시방의 경계는 다함이 없고 같은 것도 없으며 그지없이 각각 차별하더라.

43. 사자좌의 보살

1) 출처

이시　여래사자지좌　중보묘화　윤대기폐
爾時에 **如來獅子之座**의 **衆寶妙華**와 **輪臺基陛**와

급제호유　여시일체장엄구중　일일각출불찰
及諸戶牖의 **如是一切莊嚴具中**에 **一一各出佛刹**

미진수보살마하살
微塵數菩薩摩訶薩하니라

그때에 여래의 사자좌에 있는 온갖 보배로 된 미묘

한 꽃과 좌대와 계단과 섬돌과 모든 창문 등 이러한 온갖 장엄구에서 낱낱이 각각 부처님 세계의 미진수와 같은 보살마하살들이 나왔습니다.

부처님이 앉으신 사자좌에서 다음과 같은 세계의 먼지 수처럼 많은 보살들이 나온 것은 진실로 사자좌가 온 법계를 포함하고 있으며, 사자좌가 시방세계와 부처님을 혼융하고 있어서 낱낱의 작은 먼지가 일체 시간과 공간을 두루두루 다 함용含溶하고 있기 때문이다. 한 먼지 속에 시방세계를 다 포함하고 있다면 그 시방세계에 있는 그 무엇인들 나타나지 않겠는가. 불보살인들 예외는 아니리라. 그러므로 사자좌는 곧 시방세계 전부이며 시방세계는 곧 사자좌다.

2) 보살들의 이름

其名曰海慧自在神通王菩薩摩訶薩과 雷音普震菩薩摩訶薩과 衆寶光明髻菩薩摩訶薩과

대지일용맹혜보살마하살 부사의공덕보지
大智日勇猛慧菩薩摩訶薩과 不思議功德寶智

인보살마하살 백목연화계보살마하살 금
印菩薩摩訶薩과 百目蓮華髻菩薩摩訶薩과 金

염원만광보살마하살 법계보음보살마하살
焰圓滿光菩薩摩訶薩과 法界普音菩薩摩訶薩과

운음정월보살마하살 선용맹광명당보살마
雲音淨月菩薩摩訶薩과 善勇猛光明幢菩薩摩

하살 여시등 이위상수 유중다불찰미
訶薩이라 如是等이 而爲上首하사 有衆多佛刹微

진수 동시출현
塵數가 同時出現하니라

    그들의 이름은 해혜자재신통왕海慧自在神通王 보살마하살과 뇌음보진雷音普震 보살마하살과 중보광명계衆寶光明髻 보살마하살과 대지일용맹혜大智日勇猛慧 보살마하살과 부사의공덕보지인不思議功德寶智印 보살마하살과 백목연화계百目蓮華髻 보살마하살과 금염원만광金焰圓滿光 보살마하살과 법계보음法界普音 보살마하살과 운음정월雲音淨月 보살마하살과 선용맹광명당善勇猛光明幢 보살마하살들이었습니다. 이러한 보살들이 상수가 되어 수많은 부처님 세계 티끌

수 같은 이들이 동시에 출현하였습니다.

화엄경은 천하에 둘도 없는 크나큰 경전이기 때문에 법회에 모인 청중들도 실로 헤아릴 수 없이 많다. 아직도 법회에 동참한 내빈들이 하는 인사 말씀은 이어진다. 그동안 서른 아홉이나 되는 온갖 잡류 대중들과 보살 대중들의 부처님을 찬탄하는 게송이 있었으며, 다시 또 부처님이 앉으신 사자좌에서 무수한 보살들이 출현하였다. 그들의 이름을 대표 열 명만 소개하였다.

3) 공양구름

차제보살   각흥종종공양운   소위일체
此諸菩薩이 **各興種種供養雲**하시니 **所謂一切**

마니보화운   일체연화묘향운   일체보원만
摩尼寶華雲과 **一切蓮華妙香雲**과 **一切寶圓滿**

광운   무변경계향염운   일장마니륜광명운
光雲과 **無邊境界香焰雲**과 **日藏摩尼輪光明雲**과

일체열의악음운　　무변색상일체보등광염운
一切悅意樂音雲과 **無邊色相一切寶燈光焰雲**과

중보수지화과운　　무진보청정광명마니왕운
衆寶樹枝華果雲과 **無盡寶淸淨光明摩尼王雲**과

일체장엄구마니왕운　　여시등제공양운　　유
一切莊嚴具摩尼王雲이라 **如是等諸供養雲**이 **有**

불세계미진수　　피제보살　　일일개흥여시공
佛世界微塵數어든 **彼諸菩薩**이 **一一皆興如是供**

양운　　우어일체도량중해　　　상속부절
養雲하사 **雨於一切道場衆海**하야 **相續不絶**하시니라

　이 모든 보살들이 제각기 가지가지의 공양구름을 일으켰습니다. 이른바 온갖 마니보석으로 된 꽃구름과, 온갖 연꽃의 묘한 향기구름과, 온갖 보배가 원만한 광명구름과, 끝없는 경계의 향기로운 불꽃구름과, 일장마니日藏摩尼로 된 바퀴광명구름과, 온갖 마음을 기쁘게 하는 음악소리구름과, 그지없는 색상의 온갖 보배로 된 등불광명불꽃구름과, 온갖 보배로 된 나뭇가지의 꽃열매구름과, 다함없는 보배의 청정한 광명마니왕구름과, 모든 장엄구의 마니왕구름이었습니다. 이와 같은 모든 공양

구름들이 부처님 세계의 티끌 수와 같이 있었습니다.

저 모든 보살들이 낱낱이 이와 같은 공양구름을 일으켜서 모든 도량의 대중바다에 비오듯 쏟아져 내리는 것이 서로 이어져서 끊어지지 않았습니다.

모든 사람과 일체 생명들이 이 세상에 처하여 산다는 이 사실이 그대로 불가사의하고 아승지 불가설 무량 무수의 공양구름을 수용하며 사는 것이다. 이러한 사실은 어느 하루만 이와 같이 사는 것이 아니고 무수한 겁이 다하도록 끝없이 끝없이 이어지고 있다. "어느 날 눈을 뜨고 보니 온 대지가 온통 다이아몬드로 이루어져 있더라."라고 하지 않았던가. 우리가 저 푸른 하늘을 하루 종일 눈이 아프도록 쳐다보아도 하늘은 그대로 있다. 혹여 심심할세라 때로는 아름다운 흰구름도 오고 간다. 덥고 메마를 것을 염려하여 비도 내려 준다. 또한 계절의 변화를 일으켜서 형형색색 다른 풍경을 연출하여 준다. 바람도 불어오고 기온도 바꿔 준다. 이 모두가 앞에서 열거한 공양구름들이 아니고 무엇인가.

4) 세존을 돌다

<ruby>現<rt>현</rt></ruby><ruby>是<rt>시</rt></ruby><ruby>雲<rt>운</rt></ruby><ruby>已<rt>이</rt></ruby>에 **右遶世尊**(우요세존)하사 **經無量百千帀**(경무량백천잡)하시며 **隨其方面**(수기방면)하야 **去佛不遠**(거불불원)에 **化作無量種種寶蓮華**(화작무량종종보연화) **獅子之座**(사자지좌)하고 **各於其上**(각어기상)에 **結跏趺坐**(결가부좌)하니라

 이러한 공양구름을 나타내고 나서 세존의 오른쪽으로 한량없이 백천 번을 돌았습니다. 그리고 그들이 온 방향을 따라서 부처님과 멀지 아니한 곳에 한량없는 가지가지의 보배로 된 연꽃 사자좌를 만들었습니다. 각각 그 사자좌 위에 결가부좌結跏趺坐를 하고 앉았습니다.

 부처님을 오른쪽으로 도는 것은 지극한 공경을 표현하는 것이다. 그래서 요불繞佛도 있고 요탑繞塔도 있다. 공경하는 마음이 지극하여 부처님을 아무리 바라보아도 부족하다. 그래서 한량없이 백천 번을 돈다고 하였다. 현재의 이 보살들은 모두 부처님의 사자좌에서 나온 보살들이다. 사자좌에서 나온 보살들이 다시 사자좌에 앉은 것은 사자의 새

끼는 역시 사자이기 때문이다. 그래서 보살도 또한 사자좌에 앉은 것이다. 법상을 사자좌라고 하는 것은 법상에 앉은 사람은 모두가 사자이거나 사자의 새끼라도 되기 때문이다.

5) 보살들의 덕을 밝힘

시 제 보 살　　소 행　 청 정　　　광 대 여 해
是諸菩薩의 **所行**이 **淸淨**하야 **廣大如海**하니라

이 모든 보살들은 수행한 바가 청정하여 넓고 크기가 바다와 같았습니다.

사자좌에서 나온 보살들의 덕행을 찬탄하는 내용에 열두 개의 구절이 있다. 그 처음으로 덕행의 전체적인 것을 표현하였다. 나머지 열한 구절은 낱낱이 다른 내용을 밝혔다. 보살들의 수행은 너무나 훌륭하여 광대하기가 마치 바다와 같다고 하였다.

득 지 혜 광   조 보 문 법   수 순 제 불   소 행
得智慧光하야 **照普門法**하며 **隨順諸佛**의 **所行**

무 애   능 입 일 체 변 재 법 해
無礙하며 **能入一切辯才法海**하나라

지혜의 빛을 얻어서 보문법普門法을 비추며, 모든 부처님을 수순해서 행이 걸림이 없으며, 온갖 변재로 법의 바다에 능히 들어갔습니다.

세 구절은 삼업이 청정하고 광대함을 밝혔다. 마음의 지혜는 보문법을 증득하여 비추지 아니함이 없으며, 그 몸은 모든 부처님을 따라 수행이 걸림이 없으며, 그 어업語業은 일체 변재로써 부처님의 광대한 법의 바다에 능히 들어갔다.

득 부 사 의 해 탈 법 문   주 어 여 래 보 문 지 지
得不思議解脫法門하며 **住於如來普門之地**하며

이 득 일 체 다 라 니 문   실 능 용 수 일 체 법 해
已得一切陀羅尼門하야 **悉能容受一切法海**하나라

불가사의한 해탈법문을 얻었으며, 여래의 넓은 문의

지위에 머물며, 이미 모든 다라니문을 얻어서 일체 법의 바다를 다 수용하였습니다.

사자좌에서 출현한 보살들의 삼업이 광대함을 밝히고 나서, 다시 법을 얻은 것이 청정하고 광대함을 밝혔다. 첫째는 자신이 얻은 해탈이며, 다음은 더욱 앞으로 나아가는 과위果位에 머무는 것이며, 다음은 총지를 얻어서 일체 법문을 다 받아 가지는 것을 밝혔다.

선 주 삼 세 평 등 지 지 이 득 심 신 광 대 희 락
善住三世平等智地하며 **已得深信廣大喜樂**하나니라

삼세가 평등한 지혜의 땅에 잘 머물며, 깊은 믿음과 넓고 큰 즐거움을 이미 얻었습니다.

과거와 현재와 미래가 모두 평등하다고 보는 지혜의 땅에 잘 머문다는 것은 지혜가 광대하고 청정하다는 뜻이다. 또 깊은 믿음은 반드시 광대한 기쁨과 즐거움을 얻게 된다. 그래서 어떤 종교든지 종교는 믿음이 우선이 된다. 보통 사

람들의 삶에서도 서로 간의 믿음이 돈독하면 무어라고 표현할 수 없는 기쁨과 즐거움이 넘쳐나게 된다.

無邊福聚는 極善淸淨하며 虛空法界를 靡不觀察하며 十方世界一切國土의 所有佛興을 咸勤供養하나라

 끝없는 복 무더기는 매우 훌륭하고 청정하며, 허공법계를 모두 다 관찰하며, 시방세계의 모든 국토에 출현하시는 부처님을 모두 부지런히 공양하였습니다.

 모든 사람은 본래로 복의 무더기가 끝이 없는데 스스로 복이 없다고 생각하는 장애를 텅 비우므로 지극히 훌륭하고 청정해진다. 사자좌의 보살들은 본래로 지닌 복을 다 잘 수용한다. 사자좌는 시방법계를 다 포용하고 있으므로 사자좌의 보살들은 허공 법계를 다 잘 관찰하는 지혜가 있다. 나

아가서 모든 사람 모든 생명을 부처님으로 받들며 공양 공경하고 존중 찬탄하는 수승한 인연이 있다.

6) 게송 찬탄

(1) 해혜자재신통왕 보살의 찬탄

이시 해혜자재신통왕보살마하살 승불위
爾時에 **海慧自在神通王菩薩摩訶薩**이 **承佛威**

력 보관일체도량중해 즉설송언
力하사 **普觀一切道場衆海**하고 **卽說頌言**하니라

그때에 해혜자재신통왕海慧自在神通王 보살마하살이 부처님의 위신력을 받들어 모든 도량의 대중바다를 두루 살피고 게송으로 말하였습니다.

제불소오실이지　　　여공무애개명조
諸佛所悟悉已知호니　**如空無礙皆明照**하사

광변시방무량토　　　처어중회보엄결
光徧十方無量土하야　**處於衆會普嚴潔**이로다

모든 부처님이 깨달은 것을 다 이미 알아보니

허공처럼 걸림 없이 다 밝게 비추사

광명은 시방의 한량없는 국토에 두루하며

대중 모임에 계시어 널리 엄숙하고 맑으시니라.

해혜자재신통왕 보살이 설한 열 개의 게송 중 앞의 다섯은 부처님의 몸에 대한 찬탄이다. 다음 다섯은 사자좌의 장엄하고 화려함에 대해 찬탄하였다. 첫 게송은 깨달음에 의한 지혜가 허공처럼 걸림 없이 밝게 비추며 지혜의 광명이 한량없는 국토에 두루 비춤을 찬탄하였다. 부처님의 몸이란 곧 지혜의 광명이다.

여래 공덕 불 가 량
如來功德不可量이라

시 방 법 계 실 충 만
十方法界悉充滿하사

보 좌 일 체 수 왕 하
普坐一切樹王下하시니

제 대 자 재 공 운 집
諸大自在共雲集이로다

여래의 공덕 헤아릴 수 없어

시방 법계에 다 충만하사

모든 보리수나무 밑에 널리 앉으시니
크게 자재한 이들이 구름처럼 모이네.

여래의 공덕을 찬탄하였다. 부처님은 곧 공덕이다. 그 공덕이 헤아릴 수 없어서 법계에 충만하며, 또 그 공덕은 모든 보리수나무 밑에 앉아 계시고 온갖 화엄성중들이 구름처럼 모여든다.

불 유 여 시 신 통 력   일 념 현 어 무 진 상
佛有如是神通力하사   **一念現於無盡相**하시니
여 래 경 계 무 유 변   각 수 해 탈 능 관 견
如來境界無有邊이어든   **各隨解脫能觀見**이로다

부처님은 이러한 신통력이 있으사
한 생각에 그지없는 형상을 나타내시니
여래의 경계는 끝이 없어
각각 해탈을 따라 보도다.

부처님의 신통력을 찬탄하였다. 법계에 이와 같이 펼쳐진

모든 형상은 그대로가 부처님의 형상이지만 중생들은 각각의 안목과 해탈에 따라 달리 본다.

여래왕석경겁해
如來往昔經劫海에

재어제유근수행
在於諸有勤修行하사

종종방편화중생
種種方便化衆生하야

영피수행제불법
令彼受行諸佛法이로다

여래가 지난 옛적 겁의 바다 지나면서
모든 세간에서 부지런히 수행하사
갖가지 방편으로 중생을 교화해서
그들에게 모든 불법을 받아 행하게 하네.

여래의 옛적 인행因行이 깊고 깊음을 밝혔다. 여래는 아주 오랜 옛적부터 인행을 깊이 닦았다. 온갖 중생들이 사는 갈래마다 일일이 다 경험하면서 가지가지 방편으로 중생들을 교화하여 불법을 받아 행하게 하였다.

비로자나구엄호
毘盧遮那具嚴好하사 　　좌연화장사자좌
坐蓮華藏獅子座하시니

일체중회개청정
一切衆會皆淸淨하야 　　적연이주동첨앙
寂然而住同瞻仰이로다

비로자나 부처님이 엄숙한 상호를 구족하여

연꽃 사자좌에 앉아 계시니

모든 대중이 다 청정하여

고요히 머물러서 우러러보네.

　부처님의 과덕果德이 수승함을 찬탄하였다. 보살의 수행 52계위를 거쳐 최후에 성불하면 청정법신 비로자나불이 된다고 가설하였다. 그 상호는 엄숙하시고, 연꽃으로 새겨진 사자좌에 앉아 계시고, 모여 있는 대중들은 매우 훌륭하여 조용히 부처님을 우러러보고 있는 모습을 그렸다. 그러나 영가永嘉대사는 "번뇌무명의 실다운 성품이 곧 불성이요, 환영과 같은 헛된 육신이 곧 법신이다."[6]라고 하였다. 소동파蘇東坡는 "산천초목이 모두 청정법신 비로자나불이다."라고

---

6) 無明實性卽佛性 幻化空身卽法身.

하였다. 여기까지가 부처님의 법신을 찬탄한 내용이다.

마니 보 장 방 광 명
摩尼寶藏放光明하야

보 발 무 변 향 염 운
普發無邊香焰雲하며

무 량 화 영 공 수 포
無量華纓共垂布어든

여 시 좌 상 여 래 좌
如是座上如來坐로다

마니보석에서 광명을 놓아
끝없는 향기불꽃구름을 널리 내며
한량없는 꽃다발을 드리웠는데
이러한 사자좌 위에 여래가 앉으셨네.

이 게송부터 여래의 사자좌가 엄숙하고 화려함을 나타내었다. 여래가 앉아 계시는 사자좌에는 마니보석이 무수히 박혀 있는데 그 보석마다 찬란한 빛을 발하고, 그 빛은 끝없이 아름다운 향기가 나며 불꽃과 같은 구름이 서려 있다. 사자좌를 돌아가면서 한량없는 꽃다발이 아름답게 드리워져 있다. 이와 같은 사자좌 위에 여래가 앉아 계신다.

종 종 엄 식 길 상 문
種種嚴飾吉祥門에

항 방 등 광 보 염 운
恒放燈光寶焰雲하야

광 대 치 연 무 부 조
廣大熾然無不照어든

모 니 처 상 증 엄 호
牟尼處上增嚴好로다

갖가지로 꾸며 놓은 길상문吉祥門에서

등불 빛과 보배로운 불꽃구름을 항상 놓는데

넓고 크게 치성하여 두루 비추니

석가모니 부처님은 그 위에서 더욱 장엄하도다.

  사자좌에는 사방으로 돌아가면서 큰 문이 있는데 그 문 이름이 길상문이다. 길상문은 큰 마니보석과 가지가지 아름다운 다이아몬드와 루비와 호박과 진주 등 온갖 보석으로 장식이 되어 있다. 그 문에는 등불의 광명이 비치고 온갖 보석에서는 불꽃구름이 아득하게 피어오른다. 눈부시게 비치는 그 빛은 치성하여 두루두루 비추지 않는 곳이 없다. 이와 같은 사자좌 위에 앉아 계시는 부처님은 더욱 엄숙하고 장엄하였다.

종종마니기려창 　　　　　묘보연화소수식
種種摩尼綺麗窓과 　　　**妙寶蓮華所垂飾**에

항출묘음문자열 　　　　　불좌기상특명현
恒出妙音聞者悅이어든 　**佛坐其上特明顯**이로다

가지가지 마니보석과 비단으로 꾸며진 화려한 창문에
아름다운 보석연꽃으로 장식하여 드리웠으며
항상 미묘한 소리를 내어 듣는 이들 기뻐하는데
부처님이 그 위에 앉아 특별히 드러나셨네.

사자좌에서 출현한 대중이라 사자좌의 아름다움을 능히 잘 알고 있다. 그 아름답고 화려함을 세상에서는 상상할 수 없고 그려 내려 해도 그려 낼 수도 없는 경지이다. 미묘한 법문의 소리까지 들려오며 그 소리를 듣는 사람들은 모두가 기뻐한다. 그 위에 앉으신 부처님은 어떠하겠는가.

보륜승좌반월형 　　　　　금강위대색염명
寶輪承座半月形이요 　　**金剛爲臺色焰明**이라

지 계 보 살 상 위 요　　　불 재 기 중 최 광 요
持髻菩薩常圍遶어든　　**佛在其中最光耀**이로다

사자좌를 받들고 있는 보륜寶輪은 반달과 같고
금강 좌대는 그 빛이 불꽃처럼 밝게 빛나며
상투를 튼 보살들이 항상 에워싸고 있는데
부처님이 그중에서 가장 빛나네.

사자좌는 가장 밑에 보륜寶輪이 있고 그 위에 다시 금강으로 된 좌대가 있다. 보륜과 좌대가 모두 어찌나 아름다운지 형언할 수 없다. 사자좌 주변에는 문수보살이나 보현보살과 같은 상투를 튼 보살들이 에워싸고 있는데 그중에서도 부처님은 그 뛰어난 모습이 눈부시게 빛나신다.

종 종 변 화 만 시 방　　　연 설 여 래 광 대 원
種種變化滿十方하야　　**演說如來廣大願**일새

일 체 영 상 어 중 현　　　여 시 좌 상 불 안 좌
一切影像於中現이어든　　**如是座上佛安坐**로다

가지가지 변화가 시방에 가득하고

여래의 광대한 서원을 연설하는데
모든 영상이 그 속에 나타나며
이러한 사자좌 위에 부처님이 편안히 앉으셨네.

사자좌의 빛나는 덕은 아무리 찬탄해도 다할 수 없다. 사자좌 주변에는 홀로그램과 같은 영상이 끊임없이 변화를 일으키며 시방에 가득한데 그 변화하는 영상에서는 여래의 광대한 서원을 계속하여 연설한다. 이와 같은 사자좌 위에 부처님은 편안하게 앉아 계신다.

(2) 뇌음보진 보살의 찬탄

爾時에 雷音普震菩薩摩訶薩이 承佛威力하사 普觀一切道場衆海하고 卽說頌言하사대

그때에 뇌음보진雷音普震 보살마하살이 부처님의 위신력을 받들어 모든 도량의 대중바다를 널리 관찰하고 게송으로 말하였습니다.

| 세존왕집보리행 | 공양시방무량불 |
| **世尊往集菩提行**에 | **供養十方無量佛**하시니 |

| 선서위력소가지 | 여래좌중무불도 |
| **善逝威力所加持**로 | **如來座中無不覩**로다 |

세존이 옛적에 보리행을 모으실 때에
시방에 한량없는 부처님께 공양하시니
선서善逝의 위신력으로 가피하사
여래의 자리에서 모두 보도다.

뇌음보진 보살은 처음 네 게송으로 사자좌를 찬탄하였다. 사자좌가 이와 같이 공덕이 수승하여 화려하게 장엄된 것은 모두가 여래께서 옛적에 모든 사람 모든 생명을 부처님으로 받들어 섬기며 공양 공경한 보리행을 닦은 결과이다. 사람과 생명들을 부처님으로 받들어 섬기는 일은 수행 중에 가장 수승한 수행이므로 이처럼 그의 사자좌까지 훌륭하게 된 것이다.

향염마니여의왕	전식묘화사자좌
香焰摩尼如意王으로	**塡飾妙華獅子座**하니
종종장엄개영현	일체중회실명촉
種種莊嚴皆影現하야	**一切衆會悉明矚**이로다

향기 나는 불꽃마니보석 여의주로써

묘한 꽃 사자좌를 꾸미니

가지가지 장엄이 영상처럼 나타나서

모든 대중들이 다 밝게 보도다.

여래의 사자좌는 향기가 나고 불꽃이 솟아오르는 마니보석으로 장식되어 있으며, 그 마니보석은 가장 큰 여의주이다. 그 외에도 가지가지 장엄들이 영상처럼 나타나 있다. 모든 대중들은 그와 같은 사실을 환하게 밝게 본다.

불좌보현장엄상	염념색류각차별
佛座普現莊嚴相하야	**念念色類各差別**하니
수제중생해부동	각견불좌어기상
隨諸衆生解不同하야	**各見佛坐於其上**이로다

부처님의 사자좌에 나타난 장엄의 모습이
순간순간마다 색깔과 종류들이 모두 다르니
중생들의 이해도 모두 다르게
부처님이 그 위에 앉으심을 각각 보도다.

부처님의 사자좌는 또 다른 부처님이다. 온갖 장엄들은 그대로가 부처님의 지혜와 자비와 신통과 해탈과 무애변재들이다. 그 모든 것을 순간순간 차별하고 중생들은 다시 근기와 성품을 따라서 각각 달리 본다.

보 지 수 포 연 화 망
寶枝垂布蓮華網이어든

화 개 용 현 제 보 살
華開踊現諸菩薩하야

각 출 미 묘 열 의 성
各出微妙悅意聲하야

칭 찬 여 래 좌 어 좌
稱讚如來坐於座로다

보석으로 된 보리수 가지마다 연꽃그물 드리웠는데
연꽃이 피는 곳에 보살들이 솟아올라서
각각 미묘하고 즐거운 음성을 내어
여래가 사자좌에 앉았음을 찬탄하도다.

부다가야의 보리수나무 밑에 금강보좌라는 사자좌가 있는데 그 사자좌 위에 부처님이 앉아 계시는 모습을 찬탄하고 있다. 그 보리수나무에는 연꽃그물이 드리워져 있고, 그 연꽃 하나하나마다 모두 보살들이 솟아올라 나타나 있다. 보살들마다 미묘하고 아름다운 소리로 여래가 사자좌에 앉아 있는 모습을 찬탄하여 사람들의 마음을 즐겁게 한다.

불 공 덕 양 여 허 공
佛功德量如虛空이여

일 체 장 엄 종 차 생
一切莊嚴從此生이라

일 일 지 중 엄 식 사
一一地中嚴飾事를

일 체 중 생 불 능 요
一切衆生不能了로다

부처님의 공덕은 허공과 같아서
모든 장엄이 여기에서 나며
낱낱 땅에 꾸미고 장엄하는 일을
일체 중생들이 능히 알지 못하네.

다음 세 개의 게송은 깨달음을 얻으신 부처님의 땅을 찬탄하였다. 사람들이 사는 모습은 그 사람이 닦은 공덕을 따라 주변의 모든 상황이 다 같은 격으로 따라오게 된다. 부처님의 사자좌가 그렇고 사자좌가 놓여 있는 땅도 또한 그렇다. 사자좌나 땅이나 모두 부처님의 허공과 같은 공덕으로 인하여 그와 같이 아름답고 화려하게 장엄되어 있다. 화엄경 첫 구절에 "그 땅은 견고하여 다이아몬드로 이루어져 있더라."라고 하였으나 중생들은 그 누구도 아는 이가 없었다.

금 강 위 지 무 능 괴　　　　　광 박 청 정 극 이 탄
金剛爲地無能壞라　　　　**廣博淸淨極夷坦**이어든

마 니 위 망 수 포 공　　　　　보 리 수 하 개 주 변
摩尼爲網垂布空하야　　　**菩提樹下皆周徧**이로다

금강으로 땅이 되어 무너뜨리지 못하며
넓고 청정하며 지극히 평탄해
마니보석으로 된 그물이 공중에 펼쳐져서
보리수나무 밑에 두루 하였네.

화엄경의 첫 구절을 그대로 표현하였다. 그 땅은 다이아

몬드로 되어 있고 넓고 청정하고 지극히 평탄하다. 이것은 모두가 깨달은 사람의 마음과 그 세계를 그대로 표현한 것이다. 그러므로 화엄경을 읽는 사람들은 자신이 깨달음을 얻은 것처럼 생각하고 읽는 것이 바람직하다.

기지무변색상수
其地無邊色相殊하니

진금위말포기중
眞金爲末布其中이라

보산명화급중보
普散名華及衆寶하야

실이광영여래좌
悉以光瑩如來座로다

그 땅은 끝이 없고 색상도 훌륭해
진금가루로써 두루 덮었으며
이름 있는 꽃과 온갖 보석으로 널리 흩어서
모두 여래의 사자좌를 빛나게 하네.

다이아몬드로 된 땅은 넓기가 끝이 없다. 다시 그 위에다 진금으로 두루 펼쳐 두었다. 그뿐만 아니라 이름 있는 꽃들과 온갖 보석들로 다시 두루 흩어서 여래의 사자좌가 더욱 빛나고 있다. 이 모두는 여래의 깨달음에 의한 것이다. 그러므로 객관적 진실은 아니지만 모두가 여래의 입장에서는 사실이다.

지 신 환 희 이 용 약 　　찰 나 시 현 무 유 진
地神歡喜而踊躍하야 **刹那示現無有盡**이라

보 흥 일 체 장 엄 운 　　항 재 불 전 첨 앙 주
普興一切莊嚴雲하야 **恒在佛前瞻仰住**로다

땅의 신들이 기뻐 날뛰어
찰나마다 나타내 보임도 끝이 없으며
온갖 장엄구름을 일으켜서
항상 부처님 앞에서 우러르고 있네.

마지막 세 게송은 땅의 장엄을 찬탄하였다. 화엄성중들 중에는 땅을 맡아 관장하는 주지신主地神이 있다. 보리수나무 밑의 사자좌에 부처님이 앉아 계시는데 땅의 신들이 어찌 기쁘지 않겠는가. 땅의 신들이 기뻐서 날뛰는 모습을 찰나마다 나타내 보임이 끝이 없다. 신들은 온갖 공양구름을 널리 일으키고 부처님 앞에서 정신없이 우러러보고 있다.

| 보등광대극치연 | 향염류광무단절 |
| **寶燈廣大極熾然**하야 | **香焰流光無斷絶**이라 |

| 수시시현각차별 | 지신이차위공양 |
| **隨時示現各差別**하니 | **地神以此爲供養**이로다 |

보석등불은 광대하고 극히 치성하여

향기불꽃 흘러내림이 끊이지 않아

수시로 나타남이 각각 다르니

땅의 신들은 이것으로 공양 올리네.

땅의 신들이 환희심이 넘쳐서 부처님께 공양 올리는 모습을 그렸다. 보석등불을 태양보다 밝게 밝히고 향기불꽃은 끊임없이 흘러내린다. 한 가지가 아니고 수시로 변화를 주면서 각각 차별하게 공양을 올린다.

| 시방일체찰토중 | 피지소유제장엄 |
| **十方一切刹土中**에 | **彼地所有諸莊嚴**을 |

| 금차도량무불현 | 이불위신고능이 |
| **今此道場無不現**하시니 | **以佛威神故能爾**로다

一. 세주묘엄품世主妙嚴品 5

시방의 일체 세계에
그 땅에 있는 모든 장엄을
지금 이 도량에서 다 나타내시니
부처님의 위신력이 그러하도다.

사자좌의 장엄이나 땅의 장엄이나 모두가 부처님의 위신력으로 인한 것이다. 부처님의 위신력이란 얼마나 되는가. 시방세계의 일체 국토에 있는 모든 장엄이 부다가야 보리수나무 밑 사자좌가 있는 그 도량에 한꺼번에 다 나타났다. 한 도량의 장엄이 일체 도량에 다 같이 한꺼번에 나타난 것이다. "한 먼지 속에 시방세계가 들어 있고 일체의 먼지 속에도 또한 그와 같다."라고 하는 사사무애의 화엄의 이치 그대로다.

(3) 중보광명계 보살의 찬탄

爾時에 衆寶光明髻菩薩摩訶薩이 承佛威力하사
普觀一切道場衆海하고 卽說頌言하니라

그때에 중보광명계眾寶光明髻 보살마하살이 부처님의 위신력을 받들어 모든 도량의 대중바다를 널리 살피고 게송으로 말하였습니다.

세 존 왕 석 수 행 시 　　견 제 불 토 개 원 만
世尊往昔修行時에　　**見諸佛土皆圓滿**하시니
여 시 소 견 지 무 진 　　차 도 량 중 개 현 현
如是所見地無盡을　　**此道場中皆顯現**이로다

세존이 지난 옛적 수행하실 때
모든 불토가 다 원만함을 보았네.
이렇게 보신 땅이 끝이 없거늘
이 도량 가운데에 다 나타내시네.

세 번째 중보광명계 보살의 게송은 보리도량의 땅이 수승하고 특이한 덕을 밝혔다. 불교의 수행이란 소승적 견해에서는 사람과 세상을 부정적으로 보는 경우가 많다. 그러나 초대승인 화엄경의 견해에서는 반대로 사람과 세상을 모두 긍정적으로 본다. 그래서 세존은 예전 수행하실 때부터

국토가 다 원만하게 보였다. 어느 한곳만이 아니고 끝없는 땅이 모두 그러하였으며 그 원만한 땅이 모두 이 보리도량 가운데 다 나타났다.

세존광대신통력
世尊廣大神通力이여

서광보우마니보
舒光普雨摩尼寶하사

여시보장산도량
如是寶藏散道場하시니

기지주회실엄려
其地周廻悉嚴麗로다

세존의 광대하신 신통력으로
광명을 놓아 마니보석을 비 내리사
이러한 보석을 도량에 흩으시니
그 땅이 두루 다 엄숙하고 화려하도다.

부처님이 보신 보리도량의 땅은 본래 모두 금강으로 이루어져 있었다. 거기에 더하여 마니보석을 하늘에서 장마철 비가 내리듯이 쏟아부어서 온 도량에 흩었다. 그래서 그 땅은 더욱 장엄하고 화려하며 아름다웠다.

여래 복덕 신 통 력
如來福德神通力이여

마 니 묘 보 보 장 엄
摩尼妙寶普莊嚴하시니

기 지 급 이 보 리 수
其地及以菩提樹가

체 발 광 음 이 연 설
遞發光音而演說이로다

여래의 복덕과 신통력으로
마니의 묘한 보석으로 널리 장엄하시니
그 땅과 보리수나무가
광명과 음성을 내어 연설하도다.

화엄경의 원리는 여래가 정각을 이룸으로부터 모든 세상 모든 존재가 완전히 변하여 전혀 다른 모습으로 바뀐다는 것이다. 즉 꿈속에서는 모든 것이 꿈속의 것이어서 허망하지만 꿈을 깨고 나서 보는 것은 모두가 실재하는 것인 것과 같은 원리다. 여래는 깨달았으므로 복덕과 신통력이 뛰어나며 미묘한 마니보석으로 땅을 장엄하였다. 미혹한 사람의 눈에는 전혀 보이지 않는 것들이다. 땅과 보리수나무도 광명을 놓고 아름다운 음성으로 법을 설한다.

보등무량종공우　　　　보왕간착위엄식
寶燈無量從空雨하며　**寶王間錯爲嚴飾**하야

실토미묘연법음　　　　여시지신지소현
悉吐微妙演法音하니　**如是地神之所現**이로다

보석등불 한량없이 하늘에서 비 오듯 하며
큰 보석으로 사이사이에 장엄했는데
미묘한 소리 내어 법을 설하니
이러한 것을 땅의 신이 나타내네.

  깨달음의 경계는 아무리 표현해도 다할 수 없다. 보석등불이 하늘에서 비 오듯이 내려오는 모습을 그려 보라. 상상이 되는가. 그 사이사이마다 큰 보석으로 장식한 하늘의 모습은 마치 요즘에 흔히 볼 수 있는 불꽃놀이와 같다. 불꽃놀이는 잠깐 한순간이며 한 장소지만 이 광경은 끊임없이 펼쳐지며 무한히 넓게 펼쳐진다. 그뿐인가. 아름다운 음성으로 진리의 법을 연설하는데 땅의 신들이 춤을 추며 나타내 보인다.

보지보현묘광운	보거염명여전발
寶地普現妙光雲하야	**寶炬焰明如電發**이어든

보망하장부기상	보지잡포위엄호
寶網遐張覆其上하며	**寶枝雜布爲嚴好**로다

보배로운 땅에서 미묘한 광명구름을 널리 나타내어

보배로운 횃불이 밝게 빛남이 번개와 같으며

보배로운 그물로 널리 그 위를 덮었으며

보배나뭇가지 뒤섞이어 장엄하였네.

언어의 한계가 보배니 보석이니 마니보석이니 다이아몬드니 하는 등등의 낱말밖에 없으므로 이렇게 표현하였다.

여등보관어차지	종종묘보소장엄
汝等普觀於此地에	**種種妙寶所莊嚴**하라

현시중생제업해	영피요지진법성
顯示衆生諸業海하야	**令彼了知眞法性**이로다

그대들은 이 땅의

가지가지 아름다운 보배 장엄을 잘 보라.

중생들의 모든 업을 나타내 보여서
그들에게 참다운 법성法性을 알게 하도다.

사람들이 이와 같이 보고 이와 같이 이해하는 대로 나타나 있는 이것 모두가 중생들의 업의 모습이다. 동시에 그것은 가지가지 아름다운 보배 장엄들이다. 지금 여기 이 사실에서 참다운 법성을 알게 하는 것이다. 참다운 법성이 곧 아름다운 보배 장엄이며, 보배 장엄 그대로가 중생들의 업의 바다다. "법성은 원융하여 두 가지 모양이 없으며, 모든 법은 움직이지 않고 본래로 고요하다."라고 하는 그 법성은 중생들의 업의 바다인 이 현실 그대로다. 그래서 온통 보배로 장엄되어 있다. 그러므로 지금 이 현실, 이 업의 바다에서 참다운 법성의 눈을 떠야 한다.

보변시방일체불
普徧十方一切佛의

소유원만보리수
所有圓滿菩提樹가

막불개현도량중
莫不皆現道場中하야

연설여래청정법
演說如來淸淨法이로다

시방에 두루한 모든 부처님들이
소유하신 원만한 보리수가
도량 가운데 다 나타나서
여래의 청정한 법을 연설하도다.

보리수가 여래의 청정한 법을 연설함을 밝혔다. 보리수가 누구에게나 보리수겠는가. 오로지 깨달은 사람에게만 보리수다. 그러므로 정각을 성취하신 부처님에게만 보리수가 있다. 그 보리수는 특정한 나무가 아니다. 모든 나무가 다 보리수다. 모든 나무가 보리수임을 수용하려면 보리수에서 여래의 청정한 법을 연설함을 들어야 한다.

수 제 중 생 심 소 락
隨諸衆生心所樂하야

기 지 보 출 묘 음 성
其地普出妙音聲호대

여 불 좌 상 소 응 연
如佛座上所應演하야

일 일 법 문 함 구 설
一一法門咸具說이로다

모든 중생들의 마음에 즐겨하는 바를 따라
그 땅에서 널리 미묘한 음성을 내어

부처님이 사자좌에 앉아 연설하듯이
땅마다 낱낱이 법문을 연설하네.

   정각을 이루신 여래의 땅의 덕을 밝혔다. 이 땅은 금강지다. 또한 마치 부처님이 사자좌에 앉아 법을 설하듯이 모든 땅이 낱낱이 법문을 설하고 있다. 그 법문도 모든 중생들이 마음에 즐겨하는 바를 따라 아름다운 음성으로 설하고 있다. 같은 하나의 땅이지만 사람들의 덕화와 업력에 따라 그렇게 달리 수용한다.

기 지 항 출 묘 향 광 　　　광 중 보 연 청 정 음
其地恒出妙香光하야　　**光中普演清淨音**하니
약 유 중 생 감 수 법 　　　실 사 득 문 번 뇌 멸
若有衆生堪受法이면　　**悉使得聞煩惱滅**이로다

그 땅이 항상 묘한 향기광명을 내어
광명 가운데서 청정한 법음을 연설하니
만약 중생이 능히 법을 들을 수 있으면
모두 다 얻어 듣고 번뇌를 소멸하도다.

다시 또 정각을 이루신 여래의 땅의 덕을 밝혔다. 땅에서는 항상 향기가 나고 광명이 난다. 광명에서는 훌륭한 법문을 연설한다. 만약 중생들이 그 땅에서 들려 오는 법문을 듣기만 하면 모두 다 번뇌를 소멸하고 지혜를 증득한다.

일 일 장 엄 실 원 만　　　　가 사 억 겁 무 능 설
一一莊嚴悉圓滿하니　　　**假使億劫無能說**이라
여 래 신 력 미 부 주　　　　시 고 기 지 개 엄 정
如來神力靡不周일새　　　**是故其地皆嚴淨**이로다

낱낱 장엄이 다 원만하여
가령 억겁을 설하여도 다할 수 없고
여래의 신통력은 두루 하실세
그러므로 그 땅이 모두 다 장엄하고 청정하도다.

다시 또 정각을 이루신 여래의 땅이 낱낱이 장엄되어 있는 것을 억겁 동안 연설하여도 다할 수 없음을 밝혔다. 모두가 여래의 위신력이다. 그래서 그 땅은 그렇게 장엄하고 청정하다.

(4) 대지일용맹혜 보살의 찬탄

이시   대 지 일 용 맹 혜 보 살 마 하 살   승 불 위 력
爾時에 **大智日勇猛慧菩薩摩訶薩**이 **承佛威力**

　 　보 관 일 체 도 량 중 해　 　즉 설 송 언
하사 **普觀一切道場衆海**하고 **卽說頌言**하니라

그때에 대지일용맹혜大智日勇猛慧 보살마하살이 부처님의 위신력을 받들어 모든 도량의 대중바다를 널리 살피고 게송으로 말하였습니다.

　세 존 응 수 처 법 당　　　　병 연 조 요 궁 전 중
　世尊凝眸處法堂하사　　**炳然照耀宮殿中**하사대

　수 제 중 생 심 소 락　　　　기 신 보 현 시 방 토
　隨諸衆生心所樂하사　　**其身普現十方土**로다

세존이 법당에 앉아 유심히 바라보사
환하게 궁전 속을 밝게 비추며
중생들의 마음에 즐겨함을 따라서
그 몸이 시방 국토에 널리 나타났도다.

대지일용맹혜 보살의 게송은 부처님이 계시는 궁전을 찬

탄하였다. 법당이란 곧 궁전이다. 부처님은 법당에 계시면서 세상 모든 중생들의 마음에 즐겨하는 바대로 그 몸을 시방 국토에 널리 나타내신다. 그러므로 시방 국토는 그대로가 중생들이 좋아하는 부처님의 몸이다.

여 래 궁 전 부 사 의
如來宮殿不思議라

마 니 보 장 위 엄 식
摩尼寶藏爲嚴飾하니

제 장 엄 구 함 광 요
諸莊嚴具咸光耀어늘

불 좌 기 중 특 명 현
佛坐其中特明顯이로다

여래의 궁전이 불가사의하여
마니보석으로 장엄하였고
모든 장엄구가 다 광명을 비추니
부처님이 광명 속에 앉아 특별히 드러나시다.

여래의 궁전은 불가사의하다. 모두가 마니보석으로 장엄되었고 그 장엄에서는 광명이 찬란하다. 찬란한 광명 속에서 부처님은 아주 특별히 빛나고 있다.

마니위주종종색	진금영탁여운포
摩尼爲柱種種色이요	**眞金鈴鐸如雲布**라
보계사면열성항	문달수방함동계
寶階四面列成行이요	**門闥隨方咸洞啓**로다

마니보석 기둥은 갖가지 빛깔이요

진금으로 만든 풍경은 구름처럼 펼쳐져 있고

보배로 된 층계는 사면으로 나열하였으며

문들은 방위를 따라 활짝 열려 있도다.

부처님이 계시는 궁전의 장엄함을 찬탄하고 있다. 궁전을 받들고 있는 기둥들은 가지가지 색깔의 마니보석이다. 기둥 곳곳에는 요령과 방울과 풍경을 달아 구름이 펼쳐지듯 펼쳐져 있다. 사방으로 돌아가면서 계단이 있는데 계단마다 모두 보배로 되어 있다. 궁전은 방향을 따라 문들이 활짝 열려 있다.

묘화증기장엄장	보수지조공엄식
妙華繪綺莊嚴帳과	**寶樹枝條共嚴飾**하며

마 니 영 락 사 면 수   지 해 어 중 담 연 좌
摩尼瓔珞四面垂어든   **智海於中湛然坐**로다

미묘한 꽃이 새겨진 비단으로 장엄한 휘장과
보배나무 가지들로 함께 꾸몄으며
마니영락은 사면에 드리웠는데
지혜바다 부처님이 그 가운데 조용히 앉아 있도다.

  정각을 이루신 부처님이 계시는 궁전을 어찌 꽃과 비단과 마니보석과 진금과 영락구슬과 보배나뭇가지와 연못과 같은 세속의 물질로 표현할 수 있으랴만 세속의 물질과 사람이 상상할 수 있는 모든 상상력을 동원해서 그려 본 것이리라. 여래의 궁전이란 곧 여래의 깨달음의 세계이기 때문이다. 여기에서 설명한 궁전과 비슷하게 건립된 궁전이 있다. 중국 무석의 영산대불이 계시는 도량에 있는 범궁梵宮이 엇비슷하다. 부처님을 "지혜바다"라고 표현하면서 궁전의 중심에 마치 바다가 있는 것처럼 그리고 있다.

마 니 위 망 묘 향 당
摩尼爲網妙香幢이요

광 염 등 명 약 운 포
光焰燈明若雲布며

부 이 종 종 장 엄 구
覆以種種莊嚴具어든

초 세 정 지 어 차 좌
超世正知於此坐로다

마니보석그물과 묘한 향기의 깃대와

불꽃광명 밝은 등불은 구름처럼 펼쳐져 있고

가지가지 장엄구로 뒤덮였는데

뛰어나신 바른 지혜 여기에 앉았도다.

아름답기 그지없는 궁전을 찬탄하고 나서 부처님이 그곳에 계시는데 "뛰어나신 바른 지혜"라고 표현하였다. 그렇다. 지혜를 말하지 않고는 부처님을 생각할 수 없다.

시 방 보 현 변 화 운
十方普現變化雲이여

기 운 연 설 변 세 간
其雲演說徧世間하야

일 체 중 생 실 조 복
一切衆生悉調伏하니

여 시 개 종 불 궁 현
如是皆從佛宮現이로다

시방에 널리 나타난 변화한 구름

그 구름이 하는 연설 세간에 가득하여

모든 중생들을 다 조복하니

이러한 것은 다 부처님 궁전에서 나타났도다.

아름답기 그지없는 부처님의 궁전이 있는데 하늘에 구름이 없을 수 없다. 구름은 끊임없이 변화를 일으키고 다시 또 법을 연설한다. 법을 들은 중생들은 모두 다 교화를 받고 조복을 받는다. 그 모두가 부처님의 궁전에서 나타난 바다.

마니위수발묘화　　　시방소유무능필
摩尼爲樹發妙華여　　**十方所有無能匹**이라
삼세국토장엄사　　　막불어중현기영
三世國土莊嚴事가　　**莫不於中現其影**이로다

마니보석나무에서 핀 아름다운 꽃

시방에 있는 것과는 견줄 수 없어

삼세의 모든 국토에 있는 장엄이

궁전 가운데에 그림자로 다 나타나네.

궁전의 주변에는 마니보석으로 된 나무들이 꽃을 피워 만발해 있다. 아름답기가 시방세계 그 어디에 있는 것들과도 비교할 수 없다. 시방삼세 모든 장엄은 일체가 다 궁전에서 그림자처럼 나타난 것이다.

處^처處^처皆^개有^유摩^마尼^니聚^취어 光^광焰^염熾^치然^연無^무量^량種^종이라
門^문牖^유隨^수方^방相^상間^간開^개하니 棟^동宇^우莊^장嚴^엄極^극殊^수麗^려로다

곳곳에 있는 마니보석 무더기가
그 광명 치성하여 한량없으며
온갖 문들 방위 따라 열려 있는데
기둥과 들보의 장엄이 지극히 화려하도다.

궁전의 도량 주변 곳곳에 마니보석 무더기가 쌓여 있다. 그 무더기에서는 한량없는 종류의 불꽃광명이 치성하게 피어오른다. 궁전의 문들은 방향마다 다 열려 있고 기둥과 들보와 서까래들은 지극히 뛰어나고 화려하였다.

여래궁전부사의
如來宮殿不思議라
청정광명구중상
淸淨光明具衆相이어든

일체궁전어중현
一切宮殿於中現하니
일일개유여래좌
一一皆有如來座로다

여래의 궁전 불가사의하여

청정한 광명이 온갖 모양 갖추었고

모든 궁전이 그 속에서 나타나니

낱낱이 다 여래가 앉아 계시도다.

여래의 궁전은 아무리 생각해도 도저히 다 알 수 없다. 궁전에서 광명이 비치고 그 광명 속에서 또 무수한 궁전이 나타나고 그 모든 궁전마다 여래가 그 안에 앉아 계신다. 여래의 궁전이란 곧 여래 그 자체요, 여래는 곧 일체 만상이다.

여래궁전무유변
如來宮殿無有邊이여
자연각자처기중
自然覺者處其中하시니

시방일체제중회
十方一切諸衆會가
막불향불이래집
莫不向佛而來集이로다

여래의 궁전 그지없어
깨달은 이는 자연히 그 안에 계시니
시방의 일체 대중들이
모두 부처님을 향해서 모여 와 있네.

깨달음이 끝이 없으므로 깨달은 이가 거처하는 궁전도 또한 끝이 없다. 끝이 없는 궁전에 시방의 대중들이 다 모여 와서 부처님을 향하고 있다.

(5) 부사의공덕보지인 보살의 찬탄

이시 부사의공덕보지인보살마하살 승불
爾時에 **不思議功德寶智印菩薩摩訶薩**이 **承佛**

위력 보관일체도량중해 즉설송언
威力하사 **普觀一切道場衆海**하고 **即說頌言**하니라

그때에 부사의공덕보지인不思議功德寶智印 보살마하살이 부처님의 위신력을 받들어 모든 도량의 대중바다를 널리 살피고 게송으로 말하였습니다.

불석수치중복해   일체찰토미진수
佛昔修治衆福海가   **一切刹土微塵數**라

신통원력소출생   도량엄정무제구
神通願力所出生으로   **道場嚴淨無諸垢**로다

부처님이 옛적에 닦으신 온갖 복의 바다가

모든 세계의 먼지 수처럼 많으니

신통과 원력으로 출생한 것이라

도량이 엄숙하고 청정하여 때가 없도다.

  부사의공덕보지인 보살의 게송은 도량과 보리수나무의 자재한 덕을 찬탄하였다. 부처님이 숙세에 닦으신 복덕과 원력이 깊고 넓어서 불가사의하다. 그래서 도량이 엄숙하고 청정하여 때가 없다. 모두가 정각을 이루신 정각의 차원에서 본 경지이다. 이와 같이 세상과 환경을 깨어 있는 눈으로 보면 화엄경의 말씀과 같다.

여의주왕작수근   금강마니이위신
如意珠王作樹根하고   **金剛摩尼以爲身**이여

보 망 하 시 부 기 상　　　　묘 향 분 온 공 선 요
　寶網遐施覆其上하니　　**妙香氛氳共旋遶**로다

큰 여의주로써 보리수나무 뿌리가 되고
금강마니보석으로 몸뚱이가 되었는데
보석그물로 널리 그 위를 덮었으니
묘한 향기가 자욱하게 에워쌌도다.

　보리수나무의 자재한 덕을 찬탄하였다. 깨달음의 덕화가 얼마나 넓고 크고 위대하였으면 나무 뿌리마저 큰 여의주로 되었을까? 또 금강마니보석으로 나무의 몸뚱이가 되고 보석그물로 그 위를 덮고, 아름다운 향기가 자욱하였다.

　　수 지 엄 식 비 중 보　　　　마 니 위 간 쟁 용 탁
　樹枝嚴飾備衆寶하고　　**摩尼爲幹爭聳擢**이여

　　지 조 밀 포 여 중 운　　　　불 어 기 하 좌 도 량
　枝條密布如重雲이어든　**佛於其下坐道場**이로다

나뭇가지는 온갖 보배로 장엄하였고
마니보석으로 된 줄기는 우뚝하게 솟았으며

빽빽한 가지들이 구름처럼 겹겹이 펼쳐졌는데
부처님이 그 아래 도량에 앉으셨네.

깨달은 사람의 안목에 나타난 보리수나무의 덕화다. 어찌 보리수나무뿐이겠는가. 시방세계의 모든 산천초목이 다 그렇게 보일 것이다.

도량 광 대 부 사 의   기 수 주 회 진 미 부
道場廣大不思議어늘 **其樹周廻盡彌覆**호대

밀 엽 번 화 상 비 영   화 중 실 결 마 니 과
密葉繁華相庇暎하야 **華中悉結摩尼果**로다

도량이 광대하여 불가사의한데
보리수나무들은 두루 돌며 뒤덮여 있고
빽빽한 잎과 무성한 꽃은 서로 비추니
꽃마다 마니보석 열매가 맺혀 있도다.

도량의 광대함과 보리수나무의 번성함을 설명하면서 정각의 내용이 이와 같이 불가사의하게 지혜와 자비와 선교 방편으로 중생을 교화하는 것을 표현하였다. 깨달은 사람의 삶은 누구나 이와 같으리라.

일 체 지 간 발 묘 광
一切枝間發妙光호대

기 광 변 조 도 량 중
其光徧照道場中하야

청 정 치 연 무 유 진
淸淨熾然無有盡하니

이 불 원 력 여 사 현
以佛願力如斯現이로다

모든 가지 사이에서 미묘한 빛을 내어
그 빛이 도량을 두루 비추는데
청정하고 치성熾盛하여 끝이 없으니
부처님의 원력으로 이와 같이 나타났네.

보리수나무가 모든 가지마다 아름다운 빛을 발하여 도량을 환하게 비추고 있다. 굳이 전기를 가설하여 도량을 밝히고 할 것이 아니다. 최신식 음향 시설을 장치하여 소리를 낼 일이 아니다. 진리를 깨달으신 부처님 원력의 힘이 이와 같다.

마 니 보 장 이 위 화　　포 영 등 휘 약 기 운
摩尼寶藏以爲華하니　　**布影騰輝若綺雲**이라

잡 수 수 방 무 불 변　　어 도 량 중 보 엄 식
帀樹垂芳無不徧하야　　**於道場中普嚴節**이로다

마니보석으로 꽃이 되어

빛나는 그림자 펼쳐진 것이 비단구름 같고

보리수나무마다 꽃봉오리 두루 하여

온 도량을 널리 장식하였네.

시방세계 온 도량을 널리 장엄하고 있는 보리수나무에는 마니보석으로 된 꽃들이 만발하였다. 빛나는 그림자가 펼쳐진 것이 마치 비단구름 같다.

여 관 선 서 도 량 중　　연 화 보 망 구 청 정
汝觀善逝道場中에　　**蓮華寶網俱淸淨**하라

광 염 성 윤 종 차 현　　영 음 탁 향 운 간 발
光焰成輪從此現이요　　**鈴音鐸響雲間發**이로다

그대들은 보라. 선서善逝의 도량 중에는

연꽃과 보배그물 모두 청정하며
불꽃이 바퀴가 되어 여기에 나타나는데
방울 소리 풍경 소리 구름 속에서 울려 퍼지네.

정각을 이루신 부처님의 도량에는 연꽃이 만발하였다. 연꽃이란 부처와 중생이 둘이 아니며, 더러움과 청정함이 둘이 아니며, 불법과 세속 법이 둘이 아니며, 세간과 출세간이 둘이 아니며, 번뇌와 보리가 둘이 아니며, 생사와 열반이 둘이 아니라는 뜻을 밝히는 꽃이다. 그 빛은 찬란하고, 요령 소리 풍경 소리는 메아리가 되어 멀리까지 퍼진다.

시방 일체 국토 중
十方一切國土中에

소유 묘 색 장엄 수
所有妙色莊嚴樹가

보리 수 중 무 불 현
菩提樹中無不現이어든

불 어 기 하 이 중 구
佛於其下離衆垢로다

시방의 모든 국토 중에 있는
미묘한 색으로 장엄한 나무가
보리수 가운데에 다 나타나고

부처님은 그 아래에서 모든 때를 떠나셨네.

보리수나무는 곧 깨달음을 상징한다. 깨달음이라는 말 속에는 모든 법이 다 포함된다. 즉 일체 존재와 그 존재들의 사건과 행위들까지 어느 것 하나 포함되지 않는 것이 없다. 그러므로 깨달음은 이 세상 모든 것을 다 아우르고 있다. 그 와 같은 의미에서 보리수나무 가운데 시방에 있는 모든 나무가 다 나타난다고 한 것이다.

도 량 광 대 복 소 성
道場廣大福所成이라

수 지 우 보 항 무 진
樹枝雨寶恒無盡하고

보 중 출 현 제 보 살
寶中出現諸菩薩하야

실 왕 시 방 공 사 불
悉往十方供事佛이로다

도량이 광대함은 복으로 성취한 것
나뭇가지마다 쏟아지는 보배는 언제나 끝이 없고
보배 속에서는 많은 보살들이 출현하여
시방으로 다니면서 부처님을 받들어 섬기네.

정각을 이루고 나면 시방세계 어디인들 도량이 아니랴. 깨달음의 복은 이와 같이 광대하다. 도량에 있는 보리수나무에서는 보배들이 쏟아지고 그 모든 보배에서는 무수한 보살들이 출현하여 시방세계를 다니면서 부처님을 받들어 섬긴다.

제불경계부사의
諸佛境界不思議라

보령기수출악음
普令其樹出樂音호대

여석소집보리도
如昔所集菩提道를

중회문음함득견
衆會聞音咸得見이로다

모든 부처님의 경계 불가사의하여

보리수나무마다 음악 소리를 내게 하여

옛적에 닦은 보리도菩提道를

대중들이 그 소리를 듣고 다 보도다.

정각을 이루신 부처님의 경계는 불가사의하다. 그러므로 부처님이 느끼고 아는 보리수에서는 즐거운 음악이 흘러나온다. 그 소리는 곧 부처님이 옛적에 수행하신 보리도에 대한 설법이다. 대중들은 그 설법 소리를 듣고 옛적 수행을 다 본다. 소나무를 스치는 스산한 솔바람 소리가 모두 부처님이 옛적에 닦으신 지혜와 자비의 소리다.

(6) 백목연화계 보살의 찬탄

이 시　　백 목 연 화 계 보 살 마 하 살　　승 불 위 력
爾時에 **百目蓮華髻菩薩摩訶薩**이 **承佛威力**하사

보 관 일 체 도 량 중 해　　즉 설 송 언
普觀一切道場衆海하고 **卽說頌言**하니라

그때에 백목연화계百目蓮華髻 보살마하살이 부처님의 위신력을 받들어 모든 도량의 대중들을 널리 살펴보고 게송으로 말하였습니다.

일 체 마 니 출 묘 음　　　칭 양 삼 세 제 불 명
一切摩尼出妙音하야　**稱揚三世諸佛名**이어든

피 불 무 량 신 통 사　　　차 도 량 중 개 현 도
彼佛無量神通事를　**此道場中皆現覩**로다

일체 마니보석이 미묘한 소리를 내어
삼세의 모든 부처님 명호를 칭송하며
그 부처님의 한량없는 신통을
이 도량 안에서 다 환하게 보도다.

백목연화계 보살의 게송은 보리도량과 보리수나무의 자재한 덕을 찬탄하였다. 보리도량은 온통 마니보석으로 이루어져 있다. 화엄경 서두에 "처음 정각을 이루고 나니 그 땅은 견고하여 다이아몬드로 이루어져 있더라."라고 표현한 그대로다. 마니보석에서는 미묘한 소리를 내어 부처님의 이름을 칭송한다. 그뿐만 아니라 도량에 앉은 채 부처님의 한량없는 신통을 환하게 다 본다.

중 화 경 발 여 영 포
衆華競發如纓布하며

광 운 유 연 변 시 방
光雲流演徧十方이어늘

보 리 수 신 지 향 불
菩提樹神持向佛하야

일 심 첨 앙 위 공 양
一心瞻仰爲供養이로다

온갖 꽃이 활짝 피어 꽃다발을 드리운 듯하며

찬란한 구름 흘러나와 시방에 가득한데
보리수나무신이 받들고 부처님을 향해서
일심으로 우러르며 공양 드리도다.

보리도량에는 온갖 꽃들이 활짝 피었고 꽃마다 찬란한 구름이 흘러나와 시방에 두루 하다. 보리수나무를 맡은 신은 그 꽃을 한아름씩 들고 부처님을 향하여 일심으로 우러르며 공양 올린다.

마니광염실성당　　　　당중치연발묘향
摩尼光焰悉成幢하야　　**幢中熾然發妙香**이어든

기향보훈일체중　　　　시고기처개엄결
其香普薰一切衆일새　　**是故其處皆嚴潔**이로다

마니보석에서 빛나는 불꽃이 깃대가 되고
그 깃대 속에서는 치성하게 미묘한 향기를 내며
그 향기가 모든 대중에게 널리 풍기니
그러므로 그곳은 모두 다 엄숙하고 청결하도다.

보리도량에 깔려 있는 마니보석에서 빛나는 불꽃이 깃대가 되고, 그 깃대에서는 미묘한 향기가 피어오르며, 모든 대중이 그 향기를 다 맡는다.

연 화 수 포 금 색 광 　　　기 광 연 불 묘 성 운
蓮華垂布金色光하니　**其光演佛妙聲雲**하야

보 음 시 방 제 찰 토 　　　영 식 중 생 번 뇌 열
普蔭十方諸刹土하야　**永息眾生煩惱熱**이로다

연꽃이 드리워져 금빛 광명을 펼치니
그 광명이 부처님의 미묘한 음성구름을 내어서
시방의 모든 세계를 널리 덮어서
중생들의 번뇌의 열기가 길이 쉬도다.

연꽃이 드리워져 광명을 놓고 그 광명에서 부처님의 미묘한 법문을 연설하여 중생들의 번뇌의 열기를 식힌다. 얼마나 쉽고 아름다운 수행인가.

보리수왕자재력	상방광명극청정
菩提樹王自在力이여	**常放光明極淸淨**하니
시방중회무유변	막불영현도량중
十方衆會無有邊하야	**莫不影現道場中**이로다

보리수나무의 자재한 힘으로
항상 광명을 놓아 지극히 청정하니
시방의 끝없는 대중들이
도량 가운데서 그림자처럼 다 나타나도다.

보리수나무란 곧 부처님의 깨달음 그 자체다. 부처님의 깨달음은 시방과 삼세, 모든 시간 모든 공간에서 항상 지극히 청정한 진리의 광명을 놓는다. 그 진리의 가르침 앞에 모든 중생들은 영상처럼 다 나타나서 교화를 받는다.

보지광염약명등	기광연음선대원
寶枝光焰若明燈하야	**其光演音宣大願**호대
여불왕석어제유	본소수행개구설
如佛往昔於諸有에	**本所修行皆具說**이로다

보석가지의 빛이 밝은 등불과 같아서
그 빛이 소리를 내어 큰 서원을 말하는데
부처님의 지난 옛적 모든 세간에서
본래 수행하신 대로 모두 구족하게 연설하도다.

   역시 보리수나무의 수승한 덕을 찬탄하였다. 보리수나무 가지마다 밝은 등불과 같은 빛이 발하고 그 빛에서는 여래의 큰 서원을 연설한다. 그리고 여래께서 지난날 수행하신 모든 내용을 다 설명하고 있다. 산천초목이 그대로 여래의 법을 연설하는 광경이다. 또한 삼라만상이 모두 화엄성중들임을 밝혔다.

수 하 제 신 찰 진 수
樹下諸神刹塵數가

실 공 의 어 차 도 량
悉共依於此道場하야

각 각 여 래 도 수 전
各各如來道樹前에

염 념 선 양 해 탈 문
念念宣揚解脫門이로다

보리수나무 아래 미진수 같은 여러 신들
다 함께 이 도량을 의지해서

각각 여래의 도수道樹 앞에서
순간순간 해탈문을 선양하도다.

화엄경 세주묘엄품 5권은 대다수가 잡류 39중과 보살 4중들이 각자가 얻은 법과 게송으로 부처님을 찬탄하는 내용으로 되어 있다. 보리수나무의 수승한 덕을 찬탄하는 이 내용에서 다시 미진수와 같이 많은 보리수나무의 신들이 각자가 얻은 해탈문을 순간순간 선양하고 있음을 밝혔다.

세 존 왕 석 수 제 행
世尊往昔修諸行에

공 양 일 체 제 여 래
供養一切諸如來와

본 소 수 행 급 명 문
本所修行及名聞이

마 니 보 중 개 실 현
摩尼寶中皆悉現이로다

세존이 지난 옛적 여러 행을 닦을 때
일체 모든 여래께 공양하신 것과
본래의 수행과 그 명성이
마니보석 속에서 다 나타나도다.

부처님이 정각을 이루신 이 모든 산하와 이 모든 국토는 다이아몬드와 마니보석이 가득히 깔려 있다. 그 보석에는 세존이 옛적 온갖 수행을 하실 때 모든 사람 모든 생명을 부처님으로 받들어 섬기며 공양 공경한 일과 그 외 일체의 수행이 다 나타나 있다. 모든 사람이 사는 각자의 환경은 모두 그 사람이 살아온 공덕의 표현이다. 자신의 환경을 어떻게 보고 어떻게 수용하는가 하는 것도 역시 각자의 마음 씀씀이를 따른다. 예컨대 사찰이라는 환경을 지옥처럼 생각하는 사람이 있고 천상처럼 생각하는 사람도 있다.

도량일체출묘음
道場一切出妙音하니

기음광대변시방
其音廣大徧十方이라

약유중생감수법
若有衆生堪受法이면

막부조복영청정
莫不調伏令淸淨이로다

온 도량에서 미묘한 소리를 내니
그 소리 넓고 커서 시방에 가득하네.
만약 중생이 능히 법을 받을 수 있으면
다 조복하여 모두 청정하게 하도다.

시방세계 모든 도량에서 진리의 설법이 들려온다. 만약 중생들이 그 소리를 듣고 참되고 바른 이치를 깨달을 수 있으면 그 자리에서 행복과 평화를 누리리라. 화엄경의 견해로는 모든 존재 부처님이 진리를 항상 설하고 두루 설한다.

여래왕석보수치	일체무량장엄사
如來往昔普修治	**一切無量莊嚴事**일새
시방일체보리수	일일장엄무량종
十方一切菩提樹에	**一一莊嚴無量種**이로다

여래께서 지난 옛적 널리 닦으신
한량없는 일체의 장엄한 일을
시방세계 일체의 보리수마다
낱낱이 장엄하여 한량이 없네.

보리수나무를 찬탄하는 것은 곧 부처님의 깨달음을 찬탄하는 일이다. 깨달음이라는 보리수나무에는 여래가 옛날 닦으신 한량없는 장엄들이 다 들어 있다. 그리고 시방세계가 모두 보리수나무다. 깨달은 안목에서는 우주 법계가 온

통 다 깨달음의 세계며 깨달음의 보리수다.

(7) 금염원만광 보살의 찬탄

이시 금염원만광보살마하살 승불위력
爾時에 **金焰圓滿光菩薩摩訶薩**이 **承佛威力**하사

보관일체도량중해 즉설송언
普觀一切道場衆海하고 **即說頌言**하니라

그때에 금염원만광金焰圓滿光 보살마하살이 부처님의 위신력을 받들어 모든 도량의 대중바다를 널리 살피고 게송으로 말하였습니다.

불석수습보리행 어제경계해명료
佛昔修習菩提行하사 **於諸境界解明了**일새

처여비처정무의 차시여래초지력
處與非處淨無疑하시니 **此是如來初智力**이로다

부처님이 옛적에 보리행을 닦으사

모든 경계에 이해가 명료하여

옳은 곳과 옳지 않은 곳에 의심이 없으니

이것은 여래의 첫 지혜의 힘이로다.

   금염원만광 보살의 찬탄 게송은 부처님의 열 가지 지혜의 힘[十力]을 찬탄하였다. 부처님을 혹은 십력이라고도 표현한다. 부처님만 가지고 있는 특별한 덕이다. 부처님과 부처님만 함께 가지고 있으며 보살들은 이 십력을 인연하여 발심하게 된다. 그 열 가지 힘 중에 첫째가 처비처지력處非處智力으로서, 도리와 이치가 옳고 그른 것을 다 아는 지혜의 힘이다. 이 게송에서 밝힌 내용이다.

여 석 등 관 제 법 성　　　　　일 체 업 해 개 명 철
如昔等觀諸法性하사　　　　**一切業海皆明徹**일새

여 시 금 어 광 망 중　　　　　보 변 시 방 능 구 연
如是今於光網中에　　　　　**普徧十方能具演**이로다

옛적에 모든 법의 성품을 평등하게 관찰하고
온갖 업의 바다를 밝게 안 것과 같이
지금도 그와 같이 광명그물 속에서
온 시방에 두루 갖추어 연설하네.

부처님의 십력 중에서 둘째인 업이숙지력業異熟智力으로서, 일체 중생의 삼세 업보를 다 아는 지혜의 힘을 밝혔다.

왕 겁 수 치 대 방 편　　　수 중 생 근 이 화 유
往劫修治大方便하사　　**隨衆生根而化誘**하야

보 사 중 회 심 청 정　　　고 불 능 성 근 지 력
普使衆會心清淨일새　　**故佛能成根智力**이로다

지난 겁에 큰 방편을 닦으사
중생들의 근기를 따라 교화하여
널리 대중들의 마음을 청정하게 할새
그러므로 부처님은 근기를 아는 지혜의 힘을 이루었네.

부처님의 십력 중 셋째는 근상하지력根上下智力으로서, 중생들의 근기가 높고 낮음을 다 아는 지혜의 힘을 밝혔다.

여 제 중 생 해 부 동　　　욕 락 제 행 각 차 별
如諸衆生解不同하야　　**欲樂諸行各差別**이어늘

수기소응위설법　　　불이지력능여시
隨其所應爲說法하시니　**佛以智力能如是**로다

모든 중생들의 이해가 같지 않으며

욕락과 행이 각각 달라도

그들의 편의를 따라 설법하시니

부처님의 지혜의 힘이 이와 같도다.

부처님의 십력 중 넷째는 종종승해지력種種勝解智力으로서, 중생의 여러 가지 이해가 각각 같지 아니함을 다 아는 지혜의 힘을 밝혔다.

보진시방제찰해　　　소유일체중생계
普盡十方諸刹海의　**所有一切衆生界**를

불지평등여허공　　　실능현현모공중
佛智平等如虛空하사　**悉能顯現毛孔中**이로다

온 시방 모든 세계에 있는

일체 중생들의 경계를

부처님의 지혜는 평등하기가 허공과 같아서

모공毛孔 속에 다 나타내도다.

부처님의 십력 중에서 다섯째는 종종계지력種種界智力으로서, 중생들의 여러 가지 경계를 다 아는 지혜의 힘을 밝혔다.

일 체 처 행 불 진 지
一切處行佛盡知하사대

일 념 삼 세 필 무 여
一念三世畢無餘하사

시 방 찰 겁 중 생 시
十方刹劫衆生時를

실 능 개 시 영 현 요
悉能開示令現了로다

부처님은 처소와 행을 다 아시되
한 생각에 삼세를 남김없이 다 아시며
시방의 세계와 겁과 중생의 시간을
다 열어 보여 알게 하시네.

부처님의 십력 중 여섯째는 변취행지력徧趣行智力으로서, 여러 가지 행업行業으로 중생들이 어디에 가서 나게 되는 것을 다 아는 지혜의 힘을 밝혔다.

선정해탈력무변　　　삼매방편역부연
禪定解脫力無邊이요　**三昧方便亦復然**이어늘

불위시현영환희　　　보사척제번뇌암
佛爲示現令歡喜하사　**普使滌除煩惱闇**이로다

선정과 해탈의 힘 끝이 없고

삼매와 방편도 그러하거늘

부처님이 나타내 보여 환희케 하며

널리 번뇌의 어두움을 씻어 없어지게 하네.

부처님의 십력 중에서 일곱째는 정려해탈등지등지지력靜慮解脫等持等至智力으로서, 여러 가지 선정과 해탈과 삼매를 다 아는 지혜의 힘을 밝혔다.

불지무애포삼세　　　찰나실현모공중
佛智無礙包三世라　**刹那悉現毛孔中**하시니

불법국토급중생　　　소현개유수염력
佛法國土及衆生의　**所現皆由隨念力**이로다

부처님의 지혜는 걸림이 없어 삼세를 다 포함하고

찰나 동안에 모공毛孔에 다 나타내되
불법과 국토와 중생을 나타내는 것은
모두가 마음 따라 생각하는 힘 때문일세.

부처님의 십력 중 여덟째는 숙주수념지력宿住隨念智力으로서, 숙명통으로 중생들의 가지가지 숙명을 다 아는 지혜의 힘을 밝혔다.

불안광대여허공	보견법계진무여
佛眼廣大如虛空하사	**普見法界盡無餘**하시니
무애지중무등용	피안무량불능연
無礙地中無等用이여	**彼眼無量佛能演**이로다

부처님의 눈은 허공처럼 광대하여
법계를 남김없이 다 보시니
걸림 없는 지위에 짝이 없는 작용을
저 눈은 한량없어 부처님이 연설하시네.

부처님의 십력 중 아홉째는 사생지력死生智力으로서, 천안

통으로 중생들이 죽어서 태어날 때와 선한 곳과 악한 곳을 걸림 없이 다 아는 지혜의 힘을 밝혔다.

일체중생구제결
一切衆生具諸結하며

소유수면여습기
所有隨眠與習氣를

여래출현변세간
如來出現徧世間하사

실이방편영제멸
悉以方便令除滅이로다

일체 중생의 모든 번뇌와

수면惑隨眠惑과 습기習氣들을

여래께서 세간에 출현하여

방편으로 다 소멸케 하시네.

부처님의 십력 중 열째는 누진지력漏盡智力으로서, 온갖 번뇌와 습기를 영원히 끊어 없애는 지혜의 힘을 밝혔다.

부처님은 이와 같은 지혜의 힘이 있어서 화엄경에서는 부처님의 이름을 대신해서 지혜가 자주 등장한다.

(8) 법계보음 보살의 찬탄

이시   법계보음보살마하살   승불위력
爾時에 **法界普音菩薩摩訶薩**이 **承佛威力**하사

보관일체도량중해   즉설송언
普觀一切道場衆海하고 **即說頌言**하니라

그때에 법계보음法界普音 보살마하살이 부처님의 위신력을 받들어 모든 도량의 대중바다를 널리 살피고 게송으로 말하였습니다.

불위신력변시방   광대시현무분별
佛威神力徧十方하사 **廣大示現無分別**하시며

대보리행바라밀   석소만족개영견
大菩提行波羅蜜의 **昔所滿足皆令見**이로다

부처님의 위신력이 시방에 두루 하사
광대하게 나타내어 분별이 없네.
커다란 보리행과 바라밀을
옛적에 만족한 대로 다 보게 하네.

법계보음 보살의 게송은 모두 11게송이다. 부처님이 지

난날 닦으신 10바라밀의 수행이 원만함을 찬탄하였다. 처음 1게송은 전체적인 것을 밝혔고, 다음 10게송은 10바라밀을 따로따로 밝혔다. 이 게송은 10바라밀을 전체적으로 드러냈다.

석어중생기대비　　　수행보시바라밀
昔於衆生起大悲하사　**修行布施波羅蜜**이실새

이시기신최수묘　　　능령견자생환희
以是其身最殊妙하사　**能令見者生歡喜**로다

옛적에 중생들에게 큰 자비심을 일으키사
보시布施바라밀을 수행하여
그 몸이 가장 훌륭하고 아름다우시네.
보는 이마다 다 기뻐하도다.

보시布施바라밀을 수행하신 것을 찬탄하였다. 부처님의 몸이 가장 훌륭하고 아름다워서 보는 이마다 모두 기뻐하는 것은 보시바라밀을 닦은 공덕이다. 보시에는 흔히 재시와 법시와 무외시가 있다. 재시는 육신을 돕는 것이고 법시는 법신을 돕는 것이고 무외시는 마음을 이익하게 하는 것이다.

　　　석 재 무 변 대 겁 해　　　　수 치 정 계 바 라 밀
　　　昔在無邊大劫海하사　　**修治淨戒波羅蜜**이실새
　　　고 획 정 신 변 시 방　　　　보 멸 세 간 제 중 고
　　　故獲淨身徧十方하사　　**普滅世間諸重苦**로다

옛적 끝없는 대겁大劫 동안
청정한 계戒바라밀을 닦아서
청정한 몸을 얻어 시방에 가득하사
세간의 모든 고통을 다 소멸하시네.

계戒바라밀을 수행한 것을 밝혔다. 청정한 몸으로 아무런 고통이 없는 삶을 사는 것은 모두가 계행을 잘 닦은 공덕이다.

　　　왕 석 수 행 인 청 정　　　　신 해 진 실 무 분 별
　　　往昔修行忍淸淨하사　　**信解眞實無分別**이실새

시 고 색 상 개 원 만 　　　　보 방 광 명 조 시 방
是故色相皆圓滿하사　　**普放光明照十方**이로다

지난 옛적 청정한 인욕忍辱 닦으사

신해信解가 진실하여 분별이 없으며

신색身色과 상호相好가 다 원만하여

널리 광명을 놓아 시방을 비추네.

인욕忍辱을 수행한 것을 밝혔다. 신해가 진실하고 육신의 상호가 원만한 것은 모두가 인욕을 잘 수행한 공덕이다. 인욕을 하지 못하면 아무리 아름다운 얼굴을 가졌어도 사람들이 멀리한다. 결코 아름다운 얼굴이 아니다.

왕 석 근 수 다 겁 해 　　　　능 전 중 생 심 중 장
往昔勤修多劫海하사　　**能轉衆生深重障**이실새

고 능 분 신 변 시 방 　　　　실 현 보 리 수 왕 하
故能分身徧十方하사　　**悉現菩提樹王下**로다

지난 옛적 많은 겁 동안 부지런히 수행하여

중생들의 깊고 무거운 업장을 능히 바꾸었네.

그러므로 몸을 시방에 두루 나타내어
보리수나무 밑에 다 나타내도다.

정진精進바라밀을 수행한 것을 밝혔다. 세상에 오랜 세월 동안 부지런히 정진하지 않고 이루어지는 일은 아무것도 없다. 하물며 불법에서겠는가.

불 구 수 행 무 량 겁
佛久修行無量劫하사

선 정 대 해 보 청 정
禪定大海普清淨이실새

고 령 견 자 심 환 희
故令見者心歡喜하야

번 뇌 장 구 실 제 멸
煩惱障垢悉除滅이로다

부처님이 오래도록 한량없는 겁을 수행하사
선정의 큰 바다가 널리 청정해
보는 이마다 그 마음 기쁘고
번뇌의 때를 다 소멸하도다.

선정禪定바라밀을 수행하신 것을 밝혔다. 선정을 닦아서 보는 사람마다 다 기뻐하고 번뇌의 때가 다 소멸됨을 말하였다.

여래 왕 수 제 행 해
如來往修諸行海에 구 족 반 야 바 라 밀
具足般若波羅蜜이실새

시 고 서 광 보 조 명
是故舒光普照明하사 극 진 일 체 우 치 암
克殄一切愚癡闇이로다

여래가 옛적에 닦으신 수행바다에

반야般若바라밀을 구족하여

광명을 펴서 널리 비추어

모든 어리석음을 다 소멸하시네.

반야般若바라밀을 수행하심을 밝혔다. 반야를 흔히 지혜라고 한다. 그러나 제10 바라밀에서 말하는 지智바라밀과는 다소 차이가 있다. 반야는 번역하면 혜慧다. 법을 터득하는 데 아공我空과 법공法空과 구공俱空 등과 같은 존재의 실상을 꿰뚫어 보는 능력이다. 어리석음의 반대이다.

종 종 방 편 화 중 생
種種方便化衆生하사 영 소 수 치 실 성 취
令所修治悉成就실새

일 체 시 방 개 변 왕
一切十方皆徧往하며 무 변 제 겁 불 휴 식
無邊際劫不休息이로다

갖가지 방편으로 중생을 교화하사
닦는 것마다 다 성취하게 하고
모든 시방에 두루 다니며
끝없는 겁 동안 쉬지를 않네.

방편方便바라밀을 수행한 것을 밝혔다. 방편은 중생 교화를 위한 방법이다. 다른 바라밀을 모두 닦았어도 선교 방편이 없으면 중생 교화에 부족함이 있다.

불 석 수 행 대 겁 해   정 치 제 원 바 라 밀
佛昔修行大劫海하사   **淨治諸願波羅蜜**이실새
시 고 출 현 변 세 간   진 미 래 제 구 중 생
是故出現徧世間하사   **盡未來際救衆生**이로다

부처님이 옛적 대겁 동안 수행하사
모든 원願바라밀을 깨끗이 닦아서
온 세간에 출현하시어
미래가 다하도록 중생을 구제하네.

원願바라밀을 수행한 것을 밝혔다. 원은 서원이며 원력이다. 중생을 제도하겠다는 원력을 갖추지 아니하면 아무리 지혜가 뛰어나더라도 쓸모가 없다.

불 무 량 겁 광 수 치
佛無量劫廣修治

일 체 법 력 바 라 밀
一切法力波羅蜜이실새

유 시 능 성 자 연 력
由是能成自然力하사

보 현 시 방 제 국 토
普現十方諸國土로다

부처님이 한량없는 겁 동안 널리 수행하사
모든 법의 역力바라밀을 닦아서
자연한 힘을 성취하고
시방의 모든 국토에 널리 나타나시네.

역力바라밀을 닦은 것을 밝혔다. 힘은 사람들이 본래로 갖춘 자연력이다. 그러나 그 본래의 힘을 드러내지 아니하면 중생 교화에 힘을 사용하지 못한다.

_{불 석 수 치 보 문 지}　　　_{일 체 지 성 여 허 공}
佛昔修治普門智_{하사}　**一切智性如虛空**_{이실새}

_{시 고 득 성 무 애 력}　　　_{서 광 보 조 시 방 찰}
是故得成無礙力_{하사}　**舒光普照十方刹**_{이로다}

부처님이 옛적에 보문의 지혜를 닦으사

모든 지혜 성품이 허공 같을새

그러므로 걸림 없는 힘을 성취하여

광명을 펴서 시방세계를 널리 비추네.

지_智바라밀을 수행한 것을 밝혔다. 청량스님은 "지도_{智度}란 결단을 이름하여 지라 한다. 여실히 깨달아 아는 것이다. 두 종류가 있으니 법의 즐거움을 수용하는 지혜와 유정들을 성숙시키는 지혜다."[7]라고 하였다.

(9) 운음정월 보살의 찬탄

_{이 시}　　_{운 음 정 월 보 살 마 하 살}　　_{승 불 위 력}
爾時_에 **雲音淨月菩薩摩訶薩**_이 **承佛威力**_{하사}

---

7) 十, 智度 : 決斷名智. 謂如實覺了. 亦有二種 : 謂受用法樂智. 成熟有情智.

보관일체도량중해　　즉설송언
普觀一切道場衆海하고 **即說頌言**하니라

그때에 운음정월雲音淨月 보살마하살이 부처님의 위신력을 받들어 모든 도량의 대중바다를 널리 살피고 게송으로 말하였습니다.

신통경계등허공　　시방중생미불견
神通境界等虛空하사 **十方衆生靡不見**하니

여석수행소성지　　마니과중함구설
如昔修行所成地를 **摩尼果中咸具說**이로다

신통경계가 허공과 같아서
시방의 중생들이 다 보네.
옛적에 수행하여 이룬 지위를
마니보석 열매 속에서 다 연설하도다.

운음정월 보살의 게송은 보리수나무의 마니보석 열매 속에서 부처님이 옛날 수행하신 십지十地의 행과行果를 찬탄한 것을 서술하였다. 모두 11개의 게송이다. 첫째는 전체적으로 표현하였다. 즉 불과佛果의 큰 작용이다. 부처님이 옛날 수행하시어 십지를 하나하나 이룬 내용인데 신기하게도 보리수나무 열매 속에서 연설하고 있다. 보리수나무란 곧 깨달음 그 자체다. 깨달음 그 자체 속에 모든 수행과 그 지위 점차가 다 포함되기 때문에 그렇게 표현하였다.

청정근수무량겁
淸淨勤修無量劫하사

입어초지극환희
入於初地極歡喜일새

출생법계광대지
出生法界廣大智하사

보견시방무량불
普見十方無量佛이로다

한량없는 겁 동안 청정하게 부지런히 닦으사
초지初地에 들어가서 지극히 환희하고
법계의 넓고 큰 지혜를 내어
시방의 한량없는 부처님을 널리 보네.

이 게송부터는 십지를 각각 일지一地씩 간략히 밝혔다. 십지에 대한 본격적인 설명은 뒤에 십지품十地品이 따로 있어서 지극히 자세하게 설명한다. 부처님이 앉으신 사자좌에서 출현한 보살은 앞으로 설명할 십지를 간단히 소개하는 것으로 끝낸다. 초지初地는 환희지歡喜地다. 환희지란, 중도中道의 지혜를 깨달아 일체의 견혹見惑을 끊고 환희가 넘쳐나는 경지를 뜻한다.

매 지마다 대개 네 가지로 이야기하고 있는데 첫째는 오랜 세월을 수행한 것을 밝히고, 다음은 지위의 이름을 밝히고, 다음은 광대한 지혜를 밝히고, 다음은 부처님의 바다를 봄을 밝혔다. 십신과 십주와 십행과 십회향도 십지가 근거가 되어 발전한 가설이다. 부처님의 위대함은 한두 생에서 이루어진 것이 아니라 3아승지 겁이라는 긴 세월에 걸쳐서 이루어진 인격이라고 생각하여 보살 수행의 열 가지 단계를 설정한 것이 최초의 십지설이다.

임제스님은 이렇게 말씀하였다. "도를 배우는 벗들이여! 산승의 견해를 취할 것 같으면 보신불과 화신불의 머리를 앉은자리에서 끊는다. 십지보살[十地滿心]은 마치 식객과 같다. 등각, 묘각은 죄인으로서 칼을 쓰고 족쇄를 찬 것이다. 아라한과 벽지불은 뒷간의 똥오줌과 같다. 보리와 열반은 당나귀를 매는 말뚝과 같다. 어째서 이러한가? 다만 도를 배

우는 이들이 3아승지 겁이 공空한 것임을 알지 못하기 때문에 이러한 장애가 있는 것이다. 만약 진정한 도인道人이라면 마침내 이와 같지 않다. 다만 인연을 따라서 구업舊業을 녹인다. 자유롭게 옷을 입고, 가게 되면 가고 앉게 되면 앉아서 한 생각도 불과佛果를 바라지 않는다. 어째서 그러한가? 옛사람이 이르기를 '만약 업을 지어서 부처를 구하고자 한다면 부처가 오히려 생사의 큰 징조가 된다.'고 하였다."[8]

일체법중이구지	등중생수지정계
一切法中離垢地에	**等衆生數持淨戒**하시니
이어다겁광수행	공양무변제불해
已於多劫廣修行하사	**供養無邊諸佛海**로다

온갖 법 가운데 이구지離垢地에서

중생의 수와 같이 청정한 계율을 가지니

---

8) 道流야 取山僧見處하면 坐斷報化佛頭라. 十地滿心은 猶如客作兒요 等妙二覺은 擔枷鎖漢이요 羅漢辟支는 猶如厠穢요 菩提涅槃은 如繫驢橛이니 何以如此오 祇爲道流不達三祇劫空일새 所以有此障礙니라. 若是眞正道人인댄 終不如是니 但能隨緣消舊業하고 任運著衣裳하야 要行卽行하며 要坐卽坐하야 無一念心希求佛이니 緣何如此오. 古人云, 若欲作業求佛이면 佛是生死大兆라 하니라.

이미 오랜 겁에 널리 수행하사
끝없는 모든 부처님 바다에 공양하였네.

제2지는 이구지離垢地다. 이구지란, 인간의 번뇌를 다 끊고 더러움을 씻어 깨끗해진 경지를 뜻한다. 매 지마다 10바라밀을 배대하면 초지에는 보시바라밀을 닦고 2지에는 지계바라밀을 닦는다. 그래서 청정한 계율을 가진다고 하였다. 오랜 수행이란 모든 사람 모든 생명을 부처님으로 받들어 섬기며 공양 공경한 것이다.

적 집 복 덕 발 광 지　　　　사 마 타 장 견 고 인
積集福德發光地에　　　**奢摩他藏堅固忍**이라

법 운 광 대 실 이 문　　　　마 니 과 중 여 시 설
法雲廣大悉已聞하시니　**摩尼果中如是說**이로다

복덕을 쌓는 발광지發光地에서
사마타奢摩他와 견고한 인욕을 닦음이라.
넓고 큰 법의 구름 이미 다 들으니
마니보석열매 중에 이와 같이 말하네.

제3은 발광지發光地다. 발광지란 명지明地라고도 하는데, 모든 번뇌를 끊어 지혜의 광명이 발현되는 경지다. 복덕을 적집하기도 하며 사마타와 인욕을 닦는다. 역시 보리수나무에서 열린 마니보석 열매 중에서 설하고 있다.

염해혜명무등지 선요경계기자비
焰海慧明無等地에 **善了境界起慈悲**하시고

일체국토평등신 여불소치개연창
一切國土平等身을 **如佛所治皆演暢**이로다

불꽃같이 밝은 지혜 짝할 수 없는 지위에서
그 경계를 잘 알아 자비를 일으키고
온갖 국토와 평등한 몸을
부처님이 닦은 대로 모두 연설하도다.

제4는 염혜지焰慧地다. 염혜지란 염지燄地라고도 하는데, 번뇌가 사라지고 지혜가 불꽃처럼 솟아나는 경지를 뜻한다.

보장등문난승지 동적상순무위반
普藏等門難勝地에 **動寂相順無違反**하며

불법경계실평등 여불소정개능설
佛法境界悉平等하시니 **如佛所淨皆能說**이로다

넓은 창고 평등한 문의 난승지難勝地에
움직임과 고요함이 서로 순해 위배하지 않고
불법의 경계가 다 평등하여
부처님이 맑힌 바와 같이 다 설법하도다.

제5는 난승지難勝地다. 난승지란, 번뇌를 모두 끊음으로써 속지俗智와 진지眞智가 잘 조화를 이루게 된 경지이다. 그래서 "움직임과 고요함이 서로 순해 위배하지 않는다."고 하였다. 복과 지혜를 쌓아서 "넓은 창고"라 하고, 열 가지 평등한 마음을 "평등한 문"이라 한다.

광대수행혜해지 일체법문함변요
廣大修行慧海地에 **一切法門咸徧了**하고

보 현 국 토 여 허 공 　　수 중 연 창 차 법 음
普現國土如虛空하시니　**樹中演暢此法音**이로다

광대한 수행 지혜바다의 지위에

일체 법문을 다 두루 알고

국토에 두루 나타남이 허공과 같으니

보리수나무에서 이 법문을 연창하도다.

제6은 현전지現前地다. 현전지란, 번뇌를 끊고 무위진여無爲眞如가 드러나는 경지이다.

주 변 법 계 허 공 신　　보 조 중 생 지 혜 등
周徧法界虛空身과　**普照衆生智慧燈**이여

일 체 방 편 개 청 정　　석 소 원 행 금 구 연
一切方便皆淸淨하시니　**昔所遠行今具演**이로다

법계에 두루한 허공신虛空身과

중생을 널리 비추는 지혜의 등불

온갖 방편이 다 청정하시니

옛적에 원행遠行한 바를 이제 다 연설하네.

제7은 원행지遠行地다. 원행지란, 이승二乘의 각覺의 영역을 넘어서 원대한 진제眞諦의 세계에 이른 경지다.

일체원행소장엄
一切願行所莊嚴으로

무량찰해개청정
無量刹海皆清淨하야

소유분별무능동
所有分別無能動이어

차무등지함선설
此無等地咸宣說이로다

모든 원願과 행行으로 장엄한

한량없는 세계가 다 청정해서

온갖 분별로도 움직일 수 없으니

이것은 무등지無等地에서 다 연설하였네.

제8은 부동지不動地다. 부동지란, 완전한 진여眞如를 얻어 조금도 동요를 일으키지 않는 경지다. 경에서는 무등지無等地라고 하였다.

무량경계신통력　　　　　선입교법광명력
無量境界神通力과　　　**善入教法光明力**이여

차시청정선혜지　　　　　겁해소행개비천
此是淸淨善慧地니　　　**劫海所行皆備闡**이로다

한량없는 경계의 신통력과

교법에 잘 들어간 광명의 힘은

이것은 청정한 선혜지善慧地이니

겁의 바다 동안 행한 바를 다 천명하였네.

제9는 선혜지善慧地다. 선혜지란 부처님의 십력十力을 얻어 때와 근기根機에 따라 중생을 교화하는 지혜를 터득한 경지다.

법운광대제십지　　　　　함장일체변허공
法雲廣大第十地여　　　**含藏一切徧虛空**이라

제불경계성중연　　　　　차성시불위신력
諸佛境界聲中演하시니　**此聲是佛威神力**이로다

법운法雲이 넓고 큰 제 십지十地에

모든 것을 함장含藏하여 허공에 두루 하네.
모든 부처님의 경계를 소리에서 연설하시니
이 소리 부처님의 위신력이로다.

제10은 법운지法雲地다. 법운지란, 많은 공덕으로써 많은 이들에게 대비심大悲心과 같은 존재가 된 경지를 말한다. 즉 법의 구름으로 중생을 두루 덮는 것을 뜻한다.

(10) 선용맹광당 보살의 찬탄

이 시   선 용 맹 광 당 보 살 마 하 살   승 불 위 신
爾時에 善勇猛光幢菩薩摩訶薩이 承佛威神하사

관 찰 시 방   이 설 송 언
觀察十方하고 而說頌言하니라

그때에 선용맹광당善勇猛光幢 보살마하살이 부처님의 위신력을 받들어 시방을 관찰하고 게송으로 말하였습니다.

무량중생처회중　　　　종종신해심청정
無量衆生處會中에　**種種信解心淸淨**하야

실능오입여래지　　　　요달일체장엄경
悉能悟入如來智하며　**了達一切莊嚴境**이로다

한량없는 중생들이 회중에서
가지가지 신해로써 마음이 청정하여
여래의 지혜에 다 깨달아 들어가서
모든 장엄경계를 요달하였네.

　열 번째 선용맹광당 보살의 게송은 부처님의 본체와 작용이 중생들의 근기에 맞추는 자재한 덕을 찬탄하였다. 화엄법회에 동참한 대중들의 게송 찬탄이 이제 열 게송으로 끝난다. 중생들이 믿음과 이해가 있으므로 여래의 지혜경계에 깨달아 들어가고 온갖 장엄을 다 앎을 밝혔다.

각기정원수제행　　　　석증공양무량불
各起淨願修諸行하야　**昔曾供養無量佛**일새

능견여래진실체　　　　급이일체제신변
能見如來眞實體와　**及以一切諸神變**이로다

각각 청정한 서원을 세우고 온갖 행을 닦으사
옛적에 일찍이 한량없는 부처님께 공양하여
여래의 진실한 본체와
온갖 신통변화를 잘 보았네.

불자로서 가장 위대한 서원이란 성불이 아니다. 모든 사람 모든 생명을 부처님으로 받들어 섬기고 공양 공경하는 것이 가장 위대하고 청정한 서원이다. 이 서원으로 부처님의 법신인 여래의 진실한 본체와 온갖 신통변화를 보게 되는 것이다.

혹유능견불법신
或有能見佛法身이

무등무애보주변
無等無礙普周徧하사

소유무량제법성
所有無量諸法性이

실입기신무부진
悉入其身無不盡이로다

혹은 부처님의 법신을 보니
같은 이 없고 걸림이 없이 널리 두루 해서
한량없는 모든 법의 성품이
그 법신에 다 들어가 다함이 없네.

법신을 찬탄하였다. 법신은 세상 그 무엇과도 짝할 이가 없고 같은 이가 없고 걸림이 없이 온 법계에 두루 하다. 그리고 법성도 또 한량이 없는데 그 한량없는 법성이 모두 법신 속에 남김없이 다 들어간다. 법신이 수승하고 청정하고 크고 깊고 넓음을 밝혔다.

혹 유 견 불 묘 색 신
或有見佛妙色身이

무 변 색 상 광 치 연
無邊色相光熾然하사

수 제 중 생 해 부 동
隨諸衆生解不同하야

종 종 변 현 시 방 중
種種變現十方中이로다

혹은 부처님의 미묘한 색신을 보니
그지없는 색상에 광명이 찬란하다.
온갖 중생들의 이해가 다른 그대로
가지가지로 시방에 변화하여 나타난다.

부처님의 미묘한 색신을 찬탄하였다. 빛이 아름다워 금빛과 같고, 92대인상호를 구족하였고, 광명이 치성하고, 삼척에서부터 무변한 크기로 근기를 따라 변화를 보인다.

혹견무애지혜신	삼세평등여허공
或見無礙智慧身이	**三世平等如虛空**하사
보수중생심락전	종종차별개령견
普隨衆生心樂轉하야	**種種差別皆令見**이로다

혹은 걸림이 없는 지혜의 몸을 보니

삼세에 평등하여 허공과 같으사

널리 중생들의 마음에 즐겨함을 따라 변해서

가지가지 차별을 다 보게 하네.

지혜의 몸은 진제와 속제에 걸림이 없으며, 허공과 같아서 법성에 칭합稱合하며, 중생들의 근기를 알며, 교묘히 나타난다. 부처님은 곧 이와 같은 지혜의 몸이다.

혹유능요불음성	보변시방제국토
或有能了佛音聲이	**普徧十方諸國土**하사
수제중생소응해	위출언음무장애
隨諸衆生所應解하야	**爲出言音無障礙**로다

혹은 부처님의 음성이

시방 모든 국토에 두루 하고

중생들에게 맞추어 이해하는 바를 따라서
소리를 내는 데 장애가 없음을 알았도다.

부처님의 음성을 앎을 밝혔다. 부처님의 음성이란 곧 진리의 설법이다. 그 소리가 두루 하고, 근기에 응하며, 부류와 같이 말하고, 걸림이 없음을 찬탄하였다.

혹견여래종종광   종종조요변세간
或見如來種種光이   **種種照耀徧世間**하며

혹유어불광명중   부견제불현신통
或有於佛光明中에   **復見諸佛現神通**이로다

혹은 여래의 가지가지 광명이
온 세간을 가지가지로 비춤을 보며
혹은 부처님의 광명 가운데서
다시 모든 부처님의 신통을 보네.

부처님의 광명을 봄을 밝혔다. 종류가 많고, 두루 하며, 광명에서 부처님을 보며, 신통변화를 나타냄을 본다.

혹유견불해운광   종모공출색치연
或有見佛海雲光이   **從毛孔出色熾然**하야

시현왕석수행도   영생심신입불지
示現往昔修行道하사   **令生深信入佛智**로다

혹은 부처님의 바다구름광명이

모공毛孔에서 나와 그 빛이 치성함을 보며,

지난 옛적 수행하신 도를 나타내 보여

깊은 믿음을 내어 부처님 지혜에 들게 하네.

부처님의 모공에서 나온 광명을 봄을 밝혔다. 모두가 지난날의 수행으로 나타난 것이다. 광명이란 어디서 나온 것이든 다 깨달음에 의한 진리의 가르침을 뜻한다. 그러므로 그 가르침의 광명을 받는 이는 믿고 이해하여 지혜에 들게 된다.

혹견불상복장엄   급견차복소종생
或見佛相福莊嚴하고   **及見此福所從生**하며

왕석수행제도해   개불상중명료견
往昔修行諸度海를   **皆佛相中明了見**이로다

혹은 부처님 상호의 복덕 장엄을 보며
이 복덕이 생겨난 곳을 보며
지난 옛적 수행한 모든 바라밀을
다 부처님 상호에서 밝게 보도다.

부처님의 복덕 상호를 밝혔다. 복덕의 상호와 복덕의 원인과 원인의 본체와 보는 곳을 드러낸 것이다. 일체가 지난날 수행에 의한 것이다. 그러므로 사람의 얼굴과 신체와 건강과 능력 등 모든 것은 지난 과거에 어떻게 살았는가를 나타내는 것이 된다.

여래공덕불가량
如來功德不可量과

충만법계무변제
充滿法界無邊際와

급이신통제경계
及以神通諸境界를

이불력고능선설
以佛力故能宣說이로다

여래의 헤아릴 수 없는 공덕
법계에 충만하여 끝이 없으며
신통과 온갖 경계들을

부처님의 힘으로 잘 연설하도다.

끝으로 부처님의 덕이 심광함을 찬탄하였다. 여래의 공덕은 헤아릴 수 없어서 법계에 충만하다. 그 신통 그 경계를 모든 보살들이 부처님의 위신력으로 연설하게 되었다. 보살들은 자신의 공을 미루어 부처님에게 돌리고 스스로는 능력이 없다고 겸하하였다.

지금까지 화엄성중 중에서 잡류 39중과 보살 대중과 사자좌에서 나온 보살들의 찬탄을 모두 마쳤다. 한 경전의 서분序分에 해당하는 청법 대중들의 이름을 소개하는 내용과 그 대중들의 수행으로 법을 얻은 내용과 또 대중들이 부처님을 찬탄하는 내용을 모두 마친 것이다. 무려 다섯 권이나 되는 양이다. 실로 천하에 제일가는 대경大經이라 할 만하다.

상서를 보이다

1. 땅이 진동하다

爾時㈀ 華藏莊嚴世界海가 以佛神力으로 其地
이시 화장장엄세계해 이불신력 기지

一切가 六種十八相으로 震動하니 所謂動과 徧動과
일체 육종십팔상 진동 소위동 변동

普徧動과 起와 徧起와 普徧起와 踊과 徧踊과 普徧
보변동 기 변기 보변기 용 변용 보변

踊과 震과 徧震과 普徧震과 吼와 徧吼와 普徧吼와
용 진 변진 보변진 후 변후 보변후

擊과 徧擊과 普徧擊이니라
격 변격 보변격

그때에 화장장엄세계바다[華藏莊嚴世界海]가 부처님의

위신력으로 그 땅의 모든 것이 여섯 가지, 열여덟 모양으로 진동하였다. 이른바, 흔들흔들하고 두루 흔들흔들하고 널리 두루 흔들흔들하며, 들먹들먹하고 두루 들먹들먹하고 널리 두루 들먹들먹하며, 울쑥불쑥하고 두루 울쑥불쑥하고 널리 두루 울쑥불쑥하며, 우르르하고 두루 우르르하고 널리 두루 우르르하며, 와르르하고 두루 와르르하고 널리 두루 와르르하며, 와지끈하고 두루 와지끈하고 널리 두루 와지끈하였습니다.

하늘과 땅이 상서를 불러오는 현상을 밝혔다. 크나큰 화엄경의 대법회가 열리기 위하여 세상의 온갖 주인들이 다 몰려와서 부처님을 찬탄하고 또 찬탄하였다. 그래서 땅에서는 6종 18상으로 진동하고, 하늘에서는 공양구름이 나타나서 비가 내리듯이 내리붓는 현상들이다. 위에서 부처님이 정각을 이루자 대중들은 바다와 같이 몰려왔다. 대중들은 각각 경사와 찬탄을 쏟아 내어 부처님의 높고 깊음을 드러냈다. 그래서 아래로는 중생들의 근기에 맞추고 위로는 부처님의 서원을 따랐다. 그러므로 세상의 주인들은 그것을 위하여 공양구름을 일으키고 하늘과 땅은 상서를 나타내었

던 것이다.

경문에서 6종 18상을 각각 자세히 표현하였으나 만약 실로 땅이 이와 같이 움직였다면 이 지구가 어떻게 되었을까? 진도로 계산하면 아마도 1천도가 넘는 지진의 진동이었을 것이다. 인류 역사에서 전무후무한 화엄법회가 열린다는 사실에 사람들이 커다란 감동과 충격과 환희와 기쁨을 받았음을 이렇게 표현하였으리라. 그 감동, 그 충격, 그 환희, 그 기쁨으로 인해 아마도 우리들의 삶의 모든 영역인 6근과 18계가 그렇게 진동하였음을 이렇게 표현한 것이리라.

진동은 왜 있는가? 청량스님은 범천경梵天經을 인용하여 이와 같이 밝혔다. "왜 진동하는가? 수승한 생각에 의지하였다. 범천경에 일곱 가지가 있으니, 1은 모든 마군들을 두렵게 하려는 것이다. 2는 설법을 할 때 대중들의 마음이 산란하지 않게 하기 위함이다. 3은 방일한 사람들에게 깨달음을 내게 하려는 것이다. 4는 중생들에게 법상을 알게 하려는 것이다. 5는 중생들에게 설법하는 곳을 보게 하려는 것이다. 6은 성숙한 사람들에게 해탈을 얻게 하기 위함이다. 7은 수순하여 바른 뜻을 묻도록 하려는 것이다."[9]

2. 공양구름

<u>차</u> <u>제세주</u>가 <u>일일개현부사의제공양운</u>하사 <u>우</u>
此諸世主가 **一一皆現不思議諸供養雲**하사 **雨**

<u>어여래도량중해</u>하시니 <u>소위일체향화장엄운</u>과
於如來道場衆海하시니 **所謂一切香華莊嚴雲**과

<u>일체마니묘식운</u>과 <u>일체보염화망운</u>과 <u>무변종</u>
一切摩尼妙飾雲과 **一切寶焰華網雲**과 **無邊種**

<u>류마니보원광운</u>과 <u>일체중색보진주장운</u>과 <u>일</u>
類摩尼寶圓光雲과 **一切衆色寶眞珠藏雲**과 **一**

<u>체보전단향운</u>과 <u>일체보개운</u>과 <u>청정묘성마니</u>
切寶栴檀香雲과 **一切寶蓋雲**과 **淸淨妙聲摩尼**

<u>왕운</u>과 <u>일광마니영락윤운</u>과 <u>일체보광명장운</u>과
王雲과 **日光摩尼瓔珞輪雲**과 **一切寶光明藏雲**과

<u>일체각별장엄구운</u>이라 <u>여시등제공양운</u>이 <u>기수</u>
一切各別莊嚴具雲이라 **如是等諸供養雲**이 **其數**

<u>무량</u>하야 <u>불가사의</u>러라
無量하야 **不可思議**러라

---

9) 動何所為. 依勝思惟. 梵天經, 所為有七「一, 令諸魔怖故. 二, 為說法時大衆心不散亂故. 三, 令放逸者生覺知故. 四, 令衆生知法相故. 五, 令衆生觀說法處故. 六, 令成熟者得解脫故. 七, 令隨順問正義故」.

이 모든 세간의 주인들이 낱낱이 다 불가사의한 공양구름을 나타내어 여래의 도량 대중바다에 비처럼 쏟아 내리었습니다. 이른바 온갖 향기 나는 꽃으로 장엄한 구름과 온갖 마니보석으로 아름답게 꾸민 구름과 온갖 보배가 불꽃처럼 빛나는 그물구름과 끝없는 종류의 마니보석이 원만하게 빛나는 구름과 온갖 여러 가지 색의 보석진주창고구름과 온갖 보배의 전단향기구름과 온갖 보배일산구름과 청정하고 묘한 소리의 마니보석구름과 햇빛 같은 마니보석영락바퀴구름과 온갖 보배광명창고구름과 온갖 각별한 장엄거리구름이었습니다. 이와 같은 모든 공양구름이 그 수가 한량이 없어 불가사의하였습니다.

세상에서 다시 없을 화엄대법회가 열리자 시방에서 대중들이 구름처럼 몰려와서 풍악을 울리며 찬탄을 쏟아내는데 공양이 없을 수 없다. 이와 같은 법회에 동참하면서 어찌 빈손으로 왔겠는가. 그 공양들은 하나하나가 그 양이 마치 하늘 가득 일어나는 구름과 같았다. 그래서 모두 공양구름이라고 표현하였다. 그리고 공양구들은 모두 세상에서 가장 값이 비싸고 귀한 마니, 진주, 영락 등 보석과 보물들이다. 무엇인들 공양하고 싶지 않겠는가. 온 우주가 감동하여 화엄법회에 공양 올리는 것이다. 그러나 실은 눈에 보이고 귀에 들리는 이 모든 현상 그대로 그 자리에 있음이 진주영락과 마니보석으로 공양 올리는 일이다. 지금 어떤 상황에 처해 있든 이 모습 이대로가 더없이 훌륭한 공양이리라.

무궁무진으로 맺다

此_차諸_제世_세主_주가 一_일一_일皆_개現_현如_여是_시供_공養_양雲_운하사 雨_우於_어如_여來_래道_도場_량衆_중海_해호대 靡_미不_부周_주徧_변하시니 如_여此_차世_세界_계中_중에 一_일一_일世_세主_주가 心_심生_생歡_환喜_희하야 如_여是_시供_공養_양인달하야 其_기華_화藏_장莊_엄嚴_세世_계界_해海_중中에 一_일切_체世_세界_계의 所_소有_유世_세主_주도 悉_실亦_역如_여是_시하야 而_이爲_위供_공養_양하니라

이 모든 세간 주인들이 낱낱이 다 이와 같은 공양구름을 나타내어 여래의 도량 대중바다에 쏟아 내리어 두

루 하지 않은 데가 없었습니다. 이와 같은 세계 중의 낱낱 세간 주인들이 기뻐하는 마음으로 이와 같이 공양하듯이 화장장엄세계바다 안에 있는 모든 세계의 세간 주인들도 또한 모두 이와 같이 공양하였습니다.

인류 역사상 전무후무한 화엄산림대법회가 열리고 그 대법회에 참석하는 무수한 대중들이 일일이 어마어마한 공양거리들을 장마철 비가 내리듯이 쏟아부어서 공양 올리는 일은 다만 그 도량에서만 일어나는 일이 아니다. 그 화장장엄세계바다에 있는 모든 세계 세간의 주인들도 또한 이와 같이 공양을 올린다. 그리고 어느 한때만 있는 일이 아니고 무한한 과거에서부터 지금까지, 그리고 무한한 미래에 이르기까지 역시 이와 같이 공양 올린다. 그것이 무궁무진한 공양이다.

기 일 체 세 계 중   실 유 여 래   좌 어 도 량   일
其一切世界中에 **悉有如來**가 **坐於道場**하사 **一**

일 세 주   각 각 신 해   각 각 소 연   각 각 삼 매 방 편
一世主가 **各各信解**와 **各各所緣**과 **各各三昧方便**

門과 各各修習助道法과 各各成就와 各各歡喜와 各各趣入과 各各悟解諸法門으로 各各入如來神通境界하며 各各入如來力境界하며 各各入如來解脫境界하니라

그 모든 세계에는 다 여래가 계시어 도량에 앉으시니, 낱낱 세간 주인들은 각각의 믿고 이해함과 각각의 인연과 각각의 삼매방편문과 각각의 닦아서 도道를 돕는 법과 각각의 성취와 각각의 환희와 각각의 나아가 들어감과 각각의 깨달아 아는 여러 가지 법문으로, 제각기 여래의 신통경계에 들어가며, 각각 여래의 힘의 경계에 들어가며, 각각 여래의 해탈경계에 들어갔습니다.

화엄산림법회에 동참한 대중들은 단순히 환희에 넘쳐서 공양만 올리는 것이 아니다. 그들은 다 같이 믿음과 이해와 인연과 삼매와 방편과 조도법과 성취와 환희와 들어감과 깨

닿는 모든 법문으로 끝내는 여래의 신통경계에 들어가고, 여래의 힘의 경계에 들어가고, 여래의 해탈경계에 들어가서 여래와 혼연일체가 되었다. 그래서 주객이 있는 가운데 주객이 없어졌고, 주객이 없는 가운데 주객이 이와 같이 나누어져서 서로서로 법을 설하고 법을 듣는다.

여 어 차 화 장 세 계 해　　시 방 진 법 계 허 공 계
如於此華藏世界海하야 **十方盡法界虛空界**의

일 체 세 계 해 중　　실 역 여 시
一切世界海中에도 **悉亦如是**하니라

이 화장장엄세계바다에서와 같이 시방의 온 법계와 허공계에 있는 모든 세계바다에서도 모두 이와 같았습니다.

지금까지 부처님이 비로소 정각을 이루고, 무량하고 무수한 화엄회상의 대중들이 모여 와서 자신들이 얻은 법을 표현하고, 또한 부처님에 대한 찬탄의 노래를 끝없이 불렀다. 그리고 그 찬탄의 노랫소리가 끝나자 온 세상은 6종 18상으

로 진동하였다. 또 모여 온 모든 세상의 주인들은 무궁무진한 공양구름을 일으켜 공양 올렸다. 또한 그들은 그 인연으로 여래의 모든 경계에 들어가서 여래와 혼연일체가 되었는데 그것은 이 화장장엄세계에서 끝난 것이 아니다. 시방과 삼세의 온 법계와 허공계에서도 다 또한 이와 같았다.

여기까지가 80권 중 5권으로서 서분, 즉 화엄경의 서론에 해당하는 세주묘엄품을 마치게 되었다.

〈제5권 끝〉

華嚴經 構成表

分次	周次			內容	品數	會次
舉果勸樂生信分 (信)	所信因果周			如來依正	世主妙嚴品 第一 如來現相品 第二 普賢三昧品 第三 世界成就品 第四 華藏世界品 第五 毘盧遮那品 第六	初會
修因契果生解分 (解)	差別因果周	差別因		十信	如來名號品 第七 四聖諦品 第八 光明覺品 第九 菩薩問明品 第十 淨行品 第十一 賢首品 第十二	二會
				十住	昇須彌山頂品 第十三 須彌頂上偈讚品 第十四 十住品 第十五 梵行品 第十六 初發心功德品 第十七 明法品 第十八	三會
				十行	昇夜摩天宮品 第十九 夜摩天宮偈讚品 第二十 十行品 第二十一 十無盡藏品 第二十二	四會
				十迴向	昇兜率天宮品 第二十三 兜率宮中偈讚品 第二十四 十迴向品 第二十五	五會
				十地	十地品 第二十六	六會
				等覺	十定品 第二十七 十通品 第二十八 十忍品 第二十九 阿僧祇品 第三十 如來壽量品 第三十一 菩薩住處品 第三十二	七會
		差別果		妙覺	佛不思議法品 第三十三 如來十身相海品 第三十四 如來隨好光明功德品 第三十五	
	平等因果周	平等因			普賢行品 第三十六	
		平等果			如來出現品 第三十七	
托法進修成行分 (行)	成行因果周			二千行門	離世間品 第三十八	八會
依人證入成德分 (證)	證入因果周			證果法門	入法界品 第三十九	九會

(資料：文殊經典研究會)

會場	放光別	會主	入定別	說法別舉
菩提場	遮那放齒光眉間光	普賢菩薩為會主	入毘盧藏身三昧	如來依正法
普光明殿	世尊放兩足輪光	文殊菩薩為會主	此會不入定，信未入位故	十信法
忉利天宮	世尊放兩足指光	法慧菩薩為會主	入無量方便三昧	十住法門
夜摩天宮	如來放兩足趺光	功德林菩薩為會主	入菩薩善思惟三昧	十行法門
兜率天宮	如來放兩膝輪光	金剛幢菩薩為會主	入菩薩智光三昧	十迴向法門
他化天宮	如來放眉間毫相光	金剛藏菩薩為會主	入菩薩大智慧光明三昧	十地法門
再會普光明殿	如來放眉間口光	如來為會主	入剎那際三昧	等妙覺法門
三會普光明殿	此會佛不放光，表行依解法依解光故	普賢菩薩為會主	入佛華嚴三昧	二千行門
祇陀園林	放眉間白毫光	如來善友為會主	入獅子頻申三昧	果法門

 如天 無比

1943년 영덕에서 출생하였다. 1958년 출가하여 덕흥사, 불국사, 범어사를 거쳐 1964년 해인사 강원을 졸업하고 동국역경연수원에서 수학하였다. 10여 년 선원생활을 하고 1976년 탄허스님에게 화엄경을 수학하고 전법, 이후 통도사 강주, 범어사 강주, 은해사 승가대학원장, 대한불교조계종 교육원장, 동국역경원장, 동화사 한문불전승가대학원장 등을 역임하였다.
현재 부산 문수선원 문수경전연구회에서 150여 명의 스님과 250여 명의 재가 신도들에게 화엄경을 강의하고 있다. 또한 다음 카페 '염화실'(http://cafe.daum.net/yumhwasil)을 통해 '모든 사람을 부처님으로 받들어 섬김으로써 이 땅에 평화와 행복을 가져오게 한다.'는 인불사상(人佛思想)을 펼치고 있다.

저서로 『법화경 법문』, 『신금강경 강의』, 『직지 강설』(전 2권), 『법화경 강의』(전 2권), 『신심명 강의』, 『임제록 강설』, 『대승찬 강설』, 『유마경 강설』, 『당신은 부처님』, 『사람이 부처님이다』, 『이것이 간화선이다』, 『무비 스님과 함께하는 불교공부』, 『무비 스님의 증도가 강의』, 『일곱 번의 작별인사』, 무비 스님이 가려 뽑은 명구 100선 시리즈(전 4권) 등이 있고 편찬하고 번역한 책으로 『화엄경(한글)』(전 10권), 『화엄경(한문)』(전 4권), 『금강경 오가해』 등이 있다.

대방광불화엄경 강설 제5권

| 초판 1쇄 발행_ 2014년 4월 7일
| 초판 4쇄 발행_ 2018년 6월 21일

| 지은이_ 여천 무비(如天 無比)
| 펴낸이_ 오세룡
| 편집_ 박성화 손미숙 정선경 이연희
| 기획_ 최은영
| 디자인_ 고혜정 김효선 장혜정
| 홍보 마케팅_ 이주하
| 펴낸곳_ 담앤북스
   서울특별시 종로구 사직로8길 34 (내수동) 경희궁의 아침 3단지 926호
   대표전화 02)765-1251 전송 02)764-1251 전자우편 damnbooks@hanmail.net
   출판등록 제300-2011-115호
| ISBN 978-89-98946-20-3 04220

정가 14,000원

ⓒ 무비스님 2014